社会信用体系“领头羊”

政务诚信理论与实践

胡俊超　编著

中国金融出版社

责任编辑：肖　炜
责任校对：张志文
责任印制：陈晓川

图书在版编目（CIP）数据

社会信用体系"领头羊"：政务诚信理论与实践/胡俊超编著．—北京：中国金融出版社，2020.8

ISBN 978-7-5220-0699-4

Ⅰ．①社…　Ⅱ．①胡…　Ⅲ．①国家机构工作人员—职业道德—研究—中国　Ⅳ．①D630.3

中国版本图书馆CIP数据核字（2020）第123039号

社会信用体系"领头羊"：政务诚信理论与实践
SHEHUI XINYONG TIXI "LINGTOUYANG"：ZHENGWU CHENGXIN LILUN YU SHIJIAN

出版发行　中国金融出版社
社址　北京市丰台区益泽路2号
市场开发部　(010)66024766，63805472，63439533（传真）
网上书店　http：//www.chinafph.com
(010)66024766，63372837（传真）
读者服务部　(010)66070833，62568380
邮编　100071
经销　新华书店
印刷　保利达印务有限公司
尺寸　165毫米×230毫米
印张　13
字数　183千
版次　2020年8月第1版
印次　2020年8月第1次印刷
定价　58.00元
ISBN 978-7-5220-0699-4
如出现印装错误本社负责调换　联系电话（010）63263947

➤序 PREFACE

2020年是具有里程碑意义的一年，是全面建成小康社会和“十三五”规划收官之年，也是脱贫攻坚决战决胜之年，做好经济社会发展工作意义重大。尽管新冠肺炎疫情不可避免会对经济社会造成较大冲击，但中央已明确要求，坚决夺取疫情防控和实现今年经济社会发展目标的双胜利。在这样的背景下，各地都会采取措施确保经济社会平稳健康发展，政务诚信建设对促进地方经济社会平稳健康发展至关重要。

在发展经济方面，政务诚信作为营商环境建设的软环境，是优化营商环境的重要内容。

2020年是国务院《优化营商环境条例》实施的开局之年，各地都非常重视营商环境建设。各省（自治区、直辖市）2020年政府工作报告关于优化营商环境的部署占据了非常大的篇幅，各地在复工复产过程中也都出台了一系列优化营商环境的新举措。2020年中央政府工作报告提出，以公正监管维护公平竞争，持续打造市场化、法治化、国际化营商环境。在营商环境建设中，政府不仅要扮演好市场监管者的角色，更要努力扮演好服务者的角色，政府部门及其公务员代表了政府对公权力的行使，政府是否依法行政、是否政务公开、是否勤政高效等政务诚信的内容对于当地营商环境优化至关重要。

国务院《优化营商环境条例》多处涉及政务公开、守信践诺、勤政高效以及依法行政等政务诚信相关内容。如第三条提出，各级人民政府及其部门应当坚持政务公开透明，以公开为常态、不公开为例外，全面推进决策、执行、管理、服务、结果公开。第三十一条提出，地方各级人民政府及其有关部门应当履行向市场主体依法作出的政策承诺以及依法订立的各类合同，不得以行政区划调整、政府换届、机构或者职能调整以及相关责任人更替等为由违约毁约。第三十四条提出，政府及其有关部门应当进一步增强服务意识，切实转变工作作风，为市场主体提供规范、便利、高效的政务服务。

可以说，政务诚信为营商环境优化提供了很好的支撑，是优化营商环境的基础。

从社会发展的角度来看，党的十九大作出了一个新的判断，那就是中国特色社会主义进入新时代，我国社会主要矛盾已经转化为人民日益增长的美好生活需要和不平衡不充分的发展之间的矛盾。

社会矛盾转化对社会治理提出新要求。治理主体多元化，党政部门、各类社会组织、社会团体、社会服务机构及公众都要积极参与；治理方式多样化，形成党委领导、政府负责、社会协同、公众参与、法治保障的治理方式；治理体制机制创新化，更多地引入包括信用在内的新型治理手段。

党的十九届四中全会提出，推进国家治理体系和治理能力现代化。在这个进程中，需要实现治理方式由政府包揽向政府主导、社会协同转变，建立起政府、社会和民众之间的良好信任合作关系，形成国家与社会之间的良性互动。这就要求把政务诚信建设作为推进国家治理体系和治理能力现代化的基础性工程。

因此，从社会发展的角度，政务诚信也将发挥重要作用。

综上所述，要实现经济社会平稳健康发展，政务诚信建设能很好地发挥支撑作用。开展政务诚信研究，无论是理论上还是实践中，都具有十分重要的意义。本书就是在这样的背景下开始探索和尝试。

全书共分为九章，分别从理论和实践视角介绍了政务诚信概述、思想追溯和理论支撑、基本框架、建设成就及面临的挑战、政务诚信与营商环境优化、政务诚信与国家治理体系和治理能力现代化、政务诚信建设实践、政务诚信评价测度研究以及推进政务诚信建设建议等内容。本书开篇首先介绍了政务诚信及相关概念，厘清了政务诚信、政府诚信、政府信任以及政府公信力等基本概念和内涵。在此基础上提出，作为社会信用体系建设的重点领域之一，政务诚信也是一个极其复杂的系统，具有关键性、外部性和衰减性等特征。在概述部分，本书还从推进国家治理体系和治理能力现代化、树立社会诚信标杆、提升政府公信力、促进经济社会健康发展等四个方面阐述了开展政务诚信的战略意义。第二章侧重从理论视角对政务诚信进行探讨，分别介绍了政务诚信思想的历史追溯以及与政务诚信相关的社会公仆理论、社会契约理论、委托代理理论和交易成本理论。第三章描绘了政务诚信建设的基本框架，通过梳理政务诚信概念提出及历史演进历程，明确了政务诚信建设基本框架，并从基本原则、政务诚信监督体系、政务信用管理体系、重点领域以及保障措施等几个方面进行了具体阐述。第四章侧重分析政务诚信建设现状，从成就和挑战两个方面进行了系统总结，提出政务诚信建设在依法行政、政务公开、勤政高效、政务诚信监督体系、政务信用管理体系等方面取得积极进展，同时也指出一些基层政务失信状况触目惊心，政务诚信建设面临新官不理旧账、村委会难监管、隐性失信难以规范以及互联网快速发展增加了政务诚信建设的难度等四大挑战。第五章重点论述政务诚信与优化营商环境之间的关系，从现代化经济体系需要高质量的营商环境、政务诚信是优化营商环境的基石、优化营商环境关键在于提升政务诚信水平，以及优化营商环境政策部署加强政务诚信工作等方面进行了详细阐述。第六章从政务诚信与国家治理体系和治理能力现代化的关系视角进行了探讨。第七章重点介绍了政务诚信建设的地方实践，分别从信用示范城市和城市信用监测指标介绍了政务诚信建设的侧重点，介绍了江苏、上海、浙江、陕西、青海和河南六个省份的典型做法以及杭州、南京、苏州、郑州、泸州和荣成等部分信用示范城市在政务诚信建设方面的探索。第八章探讨了政务诚信评价测度问题，在梳理政务诚信评价主要依据的基础上，建议政务诚信评价重点从依法行政、政务公开、勤政高效、守信践诺和失信惩戒五个维度来设计具体指标，在考虑数据可得的基础上，给出了相应的指标体系，提出了相应的评价方法，就政务诚信评价测度进行了初步探讨。本书在最后一章，从构建政务诚信建设长效机制和推进政务诚信建设具体工作两个方面提出了建议。

"十四五"时期，中国经济将迈入全面高质量发展的新时代，中国推进国家治理体系和治理能力现代化的进程也将加快，可以预见，政务诚信建设将会被摆在前所未有的重要位置。本书对政务诚信的探索还比较浅显，资料主要来源于公开数据，有些内容还不够翔实，希望有更多学者围绕政务诚信开展更深入的研究，为中国经济社会健康发展保驾护航。

需要注意的是，本书相关研究结论不代表笔者所在单位的观点和立场。由于政务诚信建设具有复杂性、长期性，加上笔者能力有限，本书难免有不妥之处，望读者不吝指正，欢迎联系 hujunchao_xhs@163.com。

胡俊超

2020 年 5 月于北京

目 录

图目录

表目录

第一章　政务诚信概述

开展政务诚信研究，首先要界定政务诚信的范畴，明确政务诚信及其相关概念，分析政务诚信特征，阐述政务诚信建设战略意义，这是整个研究的基础。本章重点围绕上述内容展开。

第一节　政务诚信及相关概念

（一）政府诚信和政务诚信

现代经济社会活动中，政府与民众发生联系主要有两个途径：一是政府权力获得，二是政府权力使用。政府获得权力的基础是民心所向、众望所归，以民之所望为施政所向；政府运用权力的前提是坚守人民立场，坚持人民主体地位，全心全意为人民服务，尽心竭力做好本职工作。

影响政府权力获得的诸多因素中，民主制度至关重要。然而，民主制度并不能确保政府在运用权力时坚守人民立场，秉承全心全意为人民服务的理念。衡量政府行动在多大程度上体现人民主体地位、反映人民意志、服务人民群众，一个很重要的方法就是对政府的信用状况进行度量。如果政府的信用水平高，说明政府履职能力强，具备为人民服务的良好意愿；反之则说明政府履职能力弱，人民利益未得到有效维护，政府权力运用出现了问题。

一般来说，政府信用的度量有狭义和广义之分。狭义的政府信用是指政府作为市场主体之一参与市场活动，到期能够偿还债务和履约的可能性，本文称之为政府信用。广义的政府信用指政府获得权力和履行义务过程中的总体行为表现，本文称之为政务诚信。它要求各级政务机构及其公务人员在政务活动中遵守诚信原则，对社会、对公民恪守信用准则，对公民真实不欺，做到“内诚于心”和“外信于行”。它的核心是依法行政、守信践诺，发挥政府在诚信建设中的示范表率作用、取信于民，这既是法治政府的必然要求，也是建设诚信社会的重要基础。

政务诚信强调的是在法治条件下政府机关和机关工作人员的诚信守则和诚信言行，是诚实守信原则在政府各种公共行政活动中的具体体现，是政府诚信理念、诚信制度、诚信活动等方面的总称①。它主要体现在人员、制度、活动三个方面，政府公务人员要做到诚实守信，政府机关及其公务人员制定的规章制度、开展的行政活动都要体现诚实守信。

政务诚信的主体是我国各级政府机关及其公务人员。

根据全国组织机构代码管理中心统计数据，截至2019年底，法人和其他组织统一社会信用代码国家数据库共有各类组织机构10192万个。其中，法人机构3984万个，非法人组织557万个，个体工商户5651万个。如图1所示。

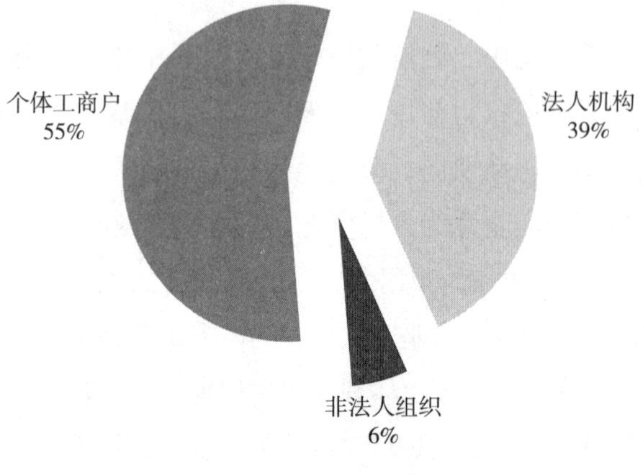

图1　全国各类组织机构结构分布图

（资料来源：全国组织机构代码管理中心）

---

① 张润泽、范根平．政务诚信的基本内涵及其建设路径［J］．信阳师范学院学报（哲学社会科学版），2017（2）．

在3984万个法人机构中，营利法人3399万个，非营利法人457万个，特别法人128万个。如图2所示。

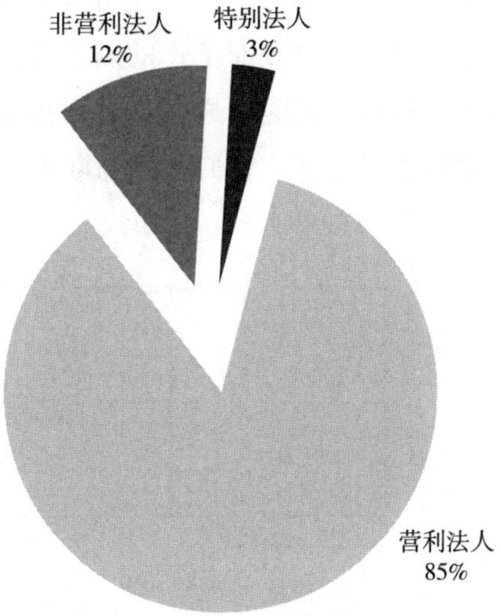

图2　法人机构结构分布图

（资料来源：全国组织机构代码管理中心）

其中：

法人机构
- 营利法人：有限责任公司、股份有限公司以及其他企业法人；
- 非营利法人：事业单位、社会团体、基金会和社会服务机构等；
- 特别法人：机关、农村集体经济组织、城镇农村的合作经济组织以及基层群众性自治组织等。

根据上述分类标准，本文认为，政务诚信的主体为全国128万家特别法人及其工作人员，这是建立政务诚信记录的基础。

（二）政府信任

政府信任则是从民众角度出发，特指公众对政府的评价。政府信任与政府信用既有区别又有联系。它们的区别主要体现在三个方面：首先是主体不同，政府信用主体是政府，而政府信任主体是民众。其次是性质和范畴不同，政府信用反映政府这一特殊主体参与市场活动时履约的可能性，属客观范畴；政府信任反映民众对政府工作的满意度，属主观范畴。最后是度量方法不同，政府信用可设定模型通过一系列指标和数据来计算，政府信任则主要通过民意调查来估计。它们之间的联系在于两者之间存在正相关关系。

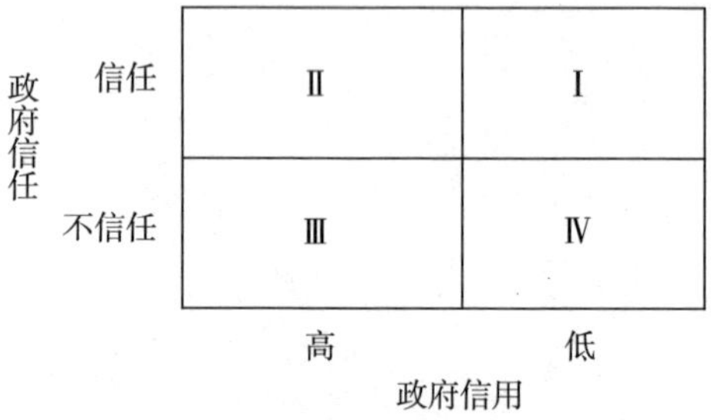

图3　政府信用和政府信任之间关系示意图

根据公众对政府的信任程度和政府信用水平的高低，可描绘出政府信用和政府信任之间关系示意图（见图3），则有：

图3中第Ⅱ象限和第Ⅳ象限说明了政府信用和政府信任之间存在正相关关系，这也表明，政府信用高容易获得公众信任，政府信用低不容易获得公众信任，这符合常理。然而，图3中，第Ⅰ象限和第Ⅲ象限中描绘的却是政府信用和政府信任之间存在负相关关系，这是怎么回事呢？原来，在特殊情况下，政府信用与政府信任之间的正相关关系也可能被打破，图3中第Ⅰ象限主要反映的是民主制度发展不充分的国家，当民众不能够自由地表达自己的真实意愿，民意调查显示的是其对一个糟糕透顶的政府的高度信任，往往是一种虚假的信任。与第Ⅰ象限不同，第Ⅲ象限主要出现在平等制度受到严重破坏的国家。这些国家尽管政府具有较高的信用，由于平等制度受到破坏，贫富分化严重，大多数人对未来缺乏信心，民众普遍信任缺失。由于信任缺失，整个社会充斥着埋怨和怀疑，缺乏包容和信

任，社会合作难以推行，甚至会出现更大的不平等和腐败，这就是所谓社会低信任陷阱①。

从上述定义来看，政府诚信和政府信任均蕴含于政务诚信之内，如果用集合来表示，即政府诚信和政府信任均是政务诚信的一个子集，而他们之间既有区别又有联系。

（三）政府公信力

政府公信力是公众对政府在社会治理、政策执行、决策能力等方面的政治认同，是公共机构及其官员的权威性与社会影响力的外在映射。政府公信力是政府存在的合法性基础，是公众对政治权力的认同、支持的心理态度②。

“公信力”一词包含着两个剖面，如图4所示：“公”涉及公共机构和公众两个主体；“信”包含“信用”和“信任”两层含义；“力”本身遵循牛顿第三定律，是相互作用的，涉及“能力”与“力度”两个不同方面③。

加强政务诚信建设，充分发挥政府在社会信用体系建设中的表率作用，有利于进一步提升政府公信力，推进国家治理体系和治理能力现代化。相反，政府在治理过程中存在角色失范、功能紊乱等政务失信行为，则会直接削弱公信力基础。

政务诚信对其他社会主体诚信建设发挥着重要的表率和导向作用。通过加强政务诚信建设，建立健全监督机制，对失信政府部门和政务人员进行惩戒，树立政府公开、公正、诚信、廉洁的形象，做好政府公信力的良性积累，才能避免落入政府公信力的“塔西佗陷阱”，即：当公权力失去公信力时，无论发表什么言论、无论做什么事，社会都会给予负面评价。

---

① 博·罗斯坦，蒋小虎译．政府质量——执政能力与腐败、社会信任和不平等［M］．北京：新华出版社，2012.

② 王君君．当政府公信力遭遇塔西佗陷阱：当下中国网络社会的公信力反思［J］．广州大学学报（社会科学版），2014（3）．

③ 周威．警惕政府公信力“塔西佗陷阱”以政务诚信引领社会诚信［J］．征信，2018（5）．

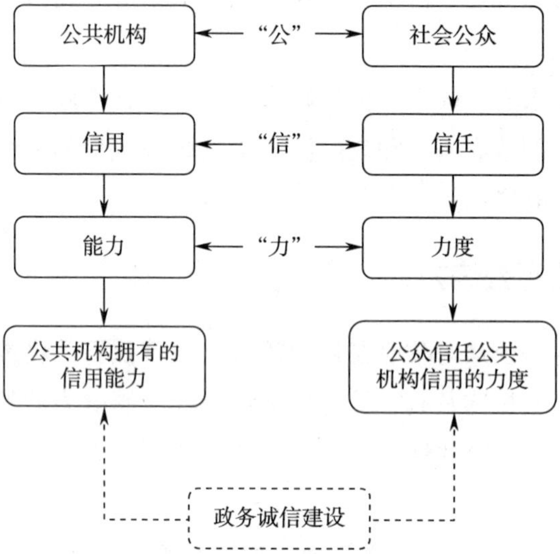

图 4　政务诚信建设剖面图

第二节　政务诚信特征分析

作为社会信用体系建设的重点领域之一，政务诚信也是一个极其复杂的系统，具有关键性、外部性和衰减性等特征。

（一）关键性

政务主体作为社会公众观念与行为的指导者，作为国家管理者，其言行对于全社会来说有着重要的指导意义和符号意义，"上梁不正下梁歪"，政务诚信程度影响其他社会主体守信程度。

根据《社会信用体系建设规划纲要（2014—2020 年）》，社会信用体系建设重点领域包括政务诚信、商务诚信、社会诚信和司法公信等。其中，政务诚信是社会信用体系建设的关键，各类政务行为主体的诚信水平，对其他社会主体诚信建设发挥着重要的表率和导向作用。

为什么说政务诚信在社会信用体系建设中起着关键作用呢？我们不妨通过博弈模型做个简要分析。

假设政务主体有两种策略：作为和不作为；其他社会主体亦有两种策略：诚信与不诚信，则：

当其他社会主体选择诚信策略，政务主体如果选择主动作为，应当健全信用体系建设，鼓励诚实守信，此时其他社会主体因守信将获得 v 的收益，政务主体因积极作为，公信力提升，获得百姓认可，其收益记为 d。

当其他社会主体选择诚信策略，政务主体如果选择不作为，则由于其他社会主体诚实守信行为得不到认可，其他社会主体的收益为 0，而政务主体因不作为，公信力降低，其收益记为 -d。

当其他社会主体选择不诚信策略，政务主体如果选择作为，应当健全信用体系建设，惩戒失信行为，此时其他社会主体因不诚信将获得 -v 的收益，政务主体因积极作为，公信力提升，获得百姓认可，其收益记为 d。

当其他社会主体选择不诚信策略，政务主体如果选择不作为，则由于其他社会主体不诚信行为得不到惩罚，其可能因不诚信获得收益 v，而政务主体因不作为，公信力降低，其收益记为 -d。

于是，根据上述分析得知，政务主体和其他社会主体之间的收益矩阵可表述如图 5 所示。

		政务主体	
		作为	不作为
其他社会主体	诚信	v，d	0，-d
	不诚信	-v，d	v，-d

图 5　政务主体和其他社会主体之间的收益矩阵

根据上述矩阵，当其他社会主体选择诚信时，政务主体选择作为可获得 d 的收益，政务主体选择不作为可获得 -d 的收益，政务主体选择作为是最优策略；当其他社会主体选择不诚信时，政务主体选择作为可获得 d 的收益，政务主体选择不作为可获得 -d 的收益，政务主体选择作为仍为最优策略。因此，无论其他社会主体如何选择，政务主体都会选择作为这一最优策略，即坚持政务诚信。

当政务主体选择作为这一最优策略时，如果其他社会主体选择“诚信”策略时，可获得 v 的收益；如果其他社会主体选择“不诚信”策略时，则损失 v 的收益。由此可见，在坚持政务诚信策略下，其他社会主体最优策略是选择“诚信”策略。因此说，政务诚信是社会信用体系建设的关键，各类政务行为主体的诚信水平，对其他社会主体诚信建设发挥着重要的表率和导向作用。

（二）外部性

经济学理论中的外部性是指一定的经济行为对外部的影响，可分为正外部性与负外部性。正外部性是指一种经济行为给外部造成积极影响，使他人减少成本，增加收益。负外部性则是指一种经济行为给外部造成消极影响，使他人增加成本，减少收益。正是由于政务诚信的示范和引领作用，政务诚信的外部性影响很大，其负外部性更是危害巨大。正如培根所言：一次政务失信比多次社会失信后果严重得多，因为这些社会失信不过弄脏了水流，而政务失信则把水源污染了。

政务诚信水平高，则能够增强社会公众的社会信任感、归属感和责任感，表现为正外部性。政府机关及其工作人员对诚信原则的虔诚遵守，将会在社会民众中起到重要的示范和引领作用。政府重诺守信，会带动整个社会诚信风气的养成，政府公务人员诚信更是治国的根本。中国几千年政治得失的教训和西方近现代政治超越式发展的先进经验，无不证明了政府机关及其公务人员诚信对社会风气的基础性影响。

政务不诚信，或者讲政务诚信的负外部性，必然会导致社会公众信心不足和对政府信任的丧失，从而可能造成社会普遍失信，进而导致公民权利的丧失，形成社会信用危机，严重影响经济发展和社会福利，同时社会信用危机还将反过来削弱政府行使公共权力的合法性和合理性[①]。

---

① 袁新峰. 关于政务诚信与社会信用体系建设关系的思考［J］. 征信，2013（5）.

（三）衰减性

概括来说，政务诚信有两个方面的重要影响因素：一个是政务诚信意愿，一个是政务诚信能力。政务诚信意愿是指政务主体履职尽责的主观意愿，通常可由政府职能转变情况、政府信息公开程度及公务人员廉洁自律等指标来反映；政务诚信能力则强调政务主体履职尽责的客观能力，通常由偿债能力、宏观调控水平、公共服务以及社会治理能力等因素来刻画。政务诚信的测度主要通过政务诚信意愿和政务诚信能力两大因素来实现。

根据前述分析，政务诚信主体包括各级政府。众所周知，中国政府分为中央、省、市、县、乡五级政府，不同层级的政府其政务诚信在结构性方面存在显著差异。随着政府层级的逐渐降低，其政务诚信状况也呈现下降趋势，即：政务诚信状况和政府层级呈正相关关系。具体分析看，在政务诚信意愿方面，中央政府具有坚定的改革决心，主导着政府职能转变、政务信息公开和反腐倡廉等工作不断前进。相对而言，县、乡两级政府与民众有更多的直接接触，各项行政事务较为烦琐，面临的社会矛盾更为直接和具体。在政务诚信能力方面，各级政府在财权与事权的匹配程度上存在较大差别，从而在政务诚信能力上呈现出显著差异。中央政府财政实力雄厚，对宏观经济调控卓有成效，提供公共服务的能力也较强，具有较高的政务诚信能力。相对来说，县、乡两级政府财政能力较弱，债务普遍较重，公共服务的供给程度较低，政务诚信能力相对较低①。从政务诚信能力和政务诚信意愿两个方面来分析，就不难理解为何政务诚信状况和政府层级呈正相关关系，这也是本书后面将要介绍的建立政务诚信监督体系的理论基础。

为进一步做好分析，我们不妨构建出政务诚信能力和政务诚信意愿之间的关系图，如图 6 所示。根据政务诚信能力高低和政务诚信意愿强弱，图 6 被划分为四个象限，其中：

---

① 章政等．中国信用发展报告（2014～2015）［M］．北京：社会科学文献出版社，2015.

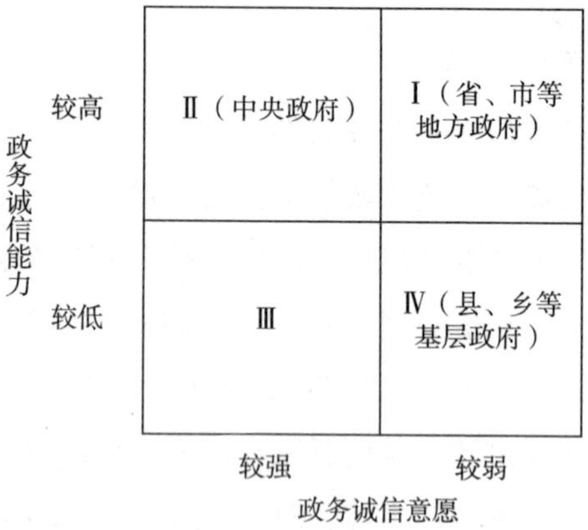

图6 政务诚信能力和政务诚信意愿之间的关系图

第Ⅱ象限意味着政务诚信能力较高、政务诚信意愿较强，这与中央政府的政务诚信状况比较符合。

第Ⅰ象限意味着政务诚信能力较高、政务诚信意愿较弱，这与省、市等地方政府热衷于发展经济，改革动力较中央政府弱的特征匹配，与省、市等地方政府的政务诚信状况比较匹配。

第Ⅳ象限意味着政务诚信能力较低、政务诚信意愿较弱，这描绘了大部分县、乡等基层政府的政务诚信现状。

第Ⅲ象限意味着政务诚信能力较低、政务诚信意愿较强，这反映了个别基层政府的情况，不具有普遍性。

通过上述分析发现，政务诚信建设的薄弱环节在地方政府和基层政府，尤其基层政府是重中之重。与政务诚信能力相比，提高地方政府的政务诚信意愿更加重要。为此，有必要建立政务诚信监督体系。

《国务院关于加强政务诚信建设的指导意见》（国发〔2016〕76号）明确提出，探索构建广泛有效的政务诚信监督体系。一是建立政务诚信专项督导机制。上级人民政府要定期对下级人民政府进行政务诚信监督检查，实施政务诚信考核评价，考评结果作为对下级人民政府绩效考核的重要参考。二是建立横向政务诚信监督机制。各级人民政府要依法接受同级人大及其常委会的监督，接受人民政协的民主监督，将办理和落实人大代表建议、政协委员提案的情况作为政务诚信建设的重要考量因素。三是建立社会监督和第三方机构评估机制。发挥社会舆论监督作用，畅通民意诉求渠道，对政务失信行为进行投诉举报。实施区域政务诚信大数据监测预警。支持信用服务机构、高校及科研院所等第三方机构对各地区各部门开展政务诚信评价评级并及时公布结果，加强社会监督。

第三节　政务诚信建设的战略意义

政务诚信是“第一诚信”，是整个社会信用大厦的顶梁柱，是国家治理的重要资源，是现代国家治理的“晴雨表”，良好的政务诚信能为国家有效配置资源，为社会提供良好的公共产品和服务；政务失信，社会信用大厦就会倾斜，将会引发系统性风险。

加强政务诚信建设，是落实“四个全面”战略布局的关键环节，是深化简政放权、放管结合、优化服务改革和加快转变政府职能、提高政府效能的必然要求，是社会信用体系建设的重要组成部分，对于进一步提升政府公信力、引领其他领域信用建设、弘扬诚信文化、培育诚信社会具有重要而紧迫的现实意义。深入开展政务诚信建设，有利于建立健全以信用为基础的新型市场监管机制，推进供给侧结构性改革，有利于建立一支守法守信、高效廉洁的公务员队伍，树立政府公开、公正、诚信、清廉的良好形象，有利于营造风清气正的社会风气，培育良好经济社会发展环境，有利于实现国家治理体系和治理能力现代化。

（一）政务诚信是推进国家治理体系和治理能力现代化的基础性工程

党的十九大作出了一个新的判断，就是中国特色社会主义进入新时代，我国社会主要矛盾已经转化为人民日益增长的美好生活需要和不平衡不充分的发展之间的矛盾。社会矛盾转化对社会治理提出新要求。这要求治理主体多元化、治理方式多样化和治理体制机制创新化。治理主体多元化，意味着党政部门、各类社会组织、社会团体、社会服务机构及公众都要积极参与；治理方式多样化，意味着要形成党委领导、政府负责、社会协同、公众参与、法治保障的治理方式；治理体制机制创新化，意味着要更多地引入包括信用在内的新型治理手段。

党的十八届三中全会提出全面深化改革，并将推进国家治理体系和治理能力现代化作为全面深化改革的总目标。十九届四中全会审议通过的《中共中央关于坚持和完善中国特色社会主义制度　推进国家治理体系和治理能力现代化若干重大问题的决定》提出，坚持和完善中国特色社会主义制度、推进国家治理体系和治理能力现代化的总体目标是，到中国共产党成立一百年时，在各方面制度更加成熟更加定型上取得明显成效；到二〇三五年，各方面制度更加完善，基本实现国家治理体系和治理能力现代化；到新中国成立一百年时，全面实现国家治理体系和治理能力现代化，使中国特色社会主义制度更加巩固、优越性充分展现。

推进国家治理体系和治理能力现代化进程中，需实现治理方式由政府包揽向政府主导、社会协同转变，政府、社会和民众之间建立起良好信任合作关系。这就要求把政务诚信建设作为推进国家治理体系和治理能力现代化的基础性工程①。

（二）政务诚信是社会诚信的标杆

根据《社会信用体系建设规划纲要（2014—2020年）》，社会信用体系由政务诚信、商务诚信、社会诚信和司法公信等四大重点领域构成，这四大领域各自扮演着不同的角色，起着不同的社会作用。其中：政府作为公共产品和公共服务的主要提供者，作为维护社会秩序的权威机构，是社会信用体系建设的制定者、执行者、推动者和维护者，又是公共信用的示

① 孙学玉．以政务诚信引领社会诚信［N］．人民网，2014-06-25.

范者，在社会中居于主导地位，这就决定了政务诚信在社会信用体系中处于核心地位。这要求政府及其工作人员必须率先垂范，自觉将诚信作为一种品格、一种责任，将政务诚信贯穿于社会管理、公共服务始终，主动兑现政务承诺、回应公众需求。

中国自古“以吏为师”，政府及其工作人员的一举一动不仅影响到其自身形象，还会成为普通群众做人做事的标准①。只有政府及其工作人员遵守承诺、诚实守信，才能政令畅通、取信于民，各类主体才会将诚信作为道德标准，自觉做到说实话、做实事；只有政府及其工作人员带头讲诚信、说实话、办实事，认真负责，才会在全社会营造出诚信之风。如果没有政务诚信，商务诚信、社会诚信、司法公信就会举步维艰，民众、法人就难免“虽令不从”。因此，政务诚信是社会诚信的标杆，是建设诚信社会的前提和核心。

（三） 政务诚信是提升政府公信力的有效措施

推进政务诚信体系建设是提升政府公信力的有效措施。政府公信力反映了人民群众对政府的满意度和信任度，标志着社会主义政治文明的发展水平，是社会政治、经济健康发展的支柱，是树立政府权威、巩固执政地位的重要法宝。一个恪守诚信的政府，其所作所为为人民所信，政策实施时面临的干扰和阻力也会减少许多，政务目标更容易实现。推进政务诚信体系建设，就是要求政府说话办事都要“言必信，行必果”，如此方能提升政府公信力，保障政务畅通和人民利益。

政务诚信建设是提高执政能力的加速器。一个讲诚信，依法行政，为人民办实事、办好事的政府才能取信于民，才能保障社会稳定和国家的长治久安。政府在政务活动中恪守信用准则，不单是为了取信于民，也是政府增强自身执政能力、保障政令通畅、提高行政效率的重要手段，是政府行政应遵循的基本准则。

---

① 王田田．积极推进政务诚信体系建设［N］．光明日报，2013－04－14.

政务诚信体系建设是提升国家形象的助推器。国家形象是人们对于一个国家的综合印象，是一个国家整体实力的表现。在全球化背景下，中国正在成为一个世界大国，建立怎样的“国家形象”，已经成为我们必须面对的一个现实问题。一个诚信的政府传递给外界的信息是正面积极的。推进政务诚信建设可有效提升国家形象，有利于国家更加容易地融入到全球经济贸易活动当中①。

（四）政务诚信是经济社会健康发展的基石

政务诚信是市场经济健康发展的必然要求。市场经济既是契约经济，又是法治经济，其本质是信用经济。市场经济的健康发展是建立在规范的信用基础上，实现对资源的有效配置。政府是市场规则的主要制定者和监督执行者，政务诚信最根本的表现就是政府通过制定和执行符合市场经济规律和人民群众合理利益要求的政策和规章制度，来确保市场主体能够公平、公正竞争，这又属于营商环境的范畴，因此，政务诚信状况与营商环境优劣高度相关。营商环境建设中，政府不仅要扮演好市场监管者的角色，更要努力扮演好服务者的角色，政府部门及其公务员代表了政府对公权力的行使，政府是否依法行政、是否政务公开、是否勤政高效等政务诚信的内容对于当地的营商环境都至关重要。

政务诚信是社会和谐的基石，是践行社会主义核心价值观的重要体现。政府事务渗透于社会生活的各个领域，社会影响十分广泛。加强政务诚信建设，是构建社会主义和谐社会应有的题中之意。政府对人民讲信义、守信用、重承诺，就能实现政府与人民的和谐互信。政府讲诚信，才能从根本上加强行政法制建设，促使全社会严格遵守和执行国家的法律法规，保障人民当家做主的权利，才能促进社会公平，实现社会安定有序发展。没有政务诚信，就不会有社会诚信，更不会有社会和谐。

---

① 王田田．积极推进政务诚信体系建设［N］．光明日报，2013－04－14.

第四节 小结

本章通过三节的内容，分别介绍了政务诚信及相关概念，分析了政务诚信的主要特征，阐述了政务诚信建设的战略意义，让读者对政务诚信建设有了一个初步认识。

第一节重点介绍了政务诚信及相关概念。政务诚信是指各级政务机构及其公务人员在政务活动中遵守诚信原则，对社会、对公民恪守信用准则，对公民真实不欺的一种行为表现，要求做到“内诚于心”和“外信于行”。与政务诚信相关的概念包括政府信用、政府信任及政府公信力等。政府信用是指政府作为市场主体之一参与市场活动，到期能够偿还债务和履约的可能性；政府信任是从民众角度出发，特指公众对政府的评价。政府公信力则是指公众对政府在社会治理、政策执行、决策能力等方面的政治认同，是公共机构及其工作人员权威性与社会影响力的外在映射。由此可见，政务诚信有其特定内涵，它与政府诚信、政府信任和政府公信力既有区别又有联系。

第二节重点分析了政务诚信的特征，主要包括关键性、外部性和衰减性等特征。关键性特征分析中，本文通过博弈模型揭示了政务诚信是社会信用体系建设的关键，各类政务行为主体的诚信水平，对其他社会主体诚信建设发挥着重要的表率和导向作用。外部性特征表明，政务诚信水平高，则能够增强社会公众的社会信任感、归属感和责任感，表现为正外部性；政务失信，由于会导致社会公众信心不足和对政府信任的丧失，从而可能造成社会普遍失信，进而导致公民权利的丧失，形成社会信用危机，表现为负外部性。衰减性特征则表明，随着政府层级的逐渐降低，其政务诚信状况也呈现下降趋势，为此，需要建立健全政务诚信监督体系。

第三节重点阐述了政务诚信建设的战略意义。政务诚信是“第一诚信”，是整个社会信用大厦的顶梁柱，是国家治理的重要资源，是现代国家治理的“晴雨表”，良好的政务诚信能为国家有效配置资源，为社会提供良好的公共产品和服务；政务失信，社会信用大厦就会倾斜，将会引发系统性风险。政务诚信建设的战略意义突出表现在四个方面：政务诚信是推进国家治理体系和治理能力现代化的基础性工程；政务诚信是社会诚信的标杆、是建设诚信社会的前提和核心；政务诚信是提升政府公信力的有效措施、执政能力提高的加速器和提升国家形象的助推器；政务诚信是经济社会健康发展的基石。

第二章　政务诚信思想追溯和理论支撑

璀璨的中西方历史文化演进过程中，政务诚信思想源远流长。西方政务诚信思想最早可以追溯到古希腊时期的柏拉图；在中国传统诚信文化中，政务诚信占据重要地位，政务诚信思想最早可追溯到上古时代。

政务诚信思想沉淀过程中，形成了几大公认的理论：社会公仆理论、社会契约理论、委托代理理论、交易成本理论等内容，本章将对其分别来介绍。

第一节　政务诚信思想历史追溯

（一）西方政务诚信思想追溯

西方政务诚信思想最早可以追溯到古希腊时期的柏拉图。从柏拉图起，包括亚里士多德、托马斯·阿奎那在内的绝大多数政治思想家都将政治与道德、宗教联系在一起，认为政治是要追求崇高的善，秉持一种伦理的政治观。后历经马基雅维利的嬗变，政务诚信思想到社会契约论时代获得了较大发展。柏拉图在《理想国》中提到，理想城邦的缔造者、管理者只能是哲人王，“制定出美、正义和善的法则，在需要的时候守护着他们”[①]。在哲人王缔造、管理的政府里，官吏要倾其才智为国奉献，要以崇高的使命感为国效忠。亚里士多德对政务诚信做了更深入的阐述，同样将

---

① 柏拉图．理想国［M］．郭斌和，张竹明，译．北京：商务印书馆，2002.

政治与道德联系在一起，提出城邦的目的在于实现道德的良善，“一切社会团体的建立，其目的总是为了完成某些善业——所有人类的每一种作为，在他们自己看来，其本意总是在求取某一善果”①。这里的社会团体指的是“城邦”。中世纪时期的托马斯·阿奎那亦深受亚里士多德的影响，提出“一个社会之所以聚集在一起，目的在于过一种有德行的生活”，“任何统治者都应当以谋求他所治理的区域的幸福为目的”②。两人都秉持政治就是追求善治，以获得民众的信任。马基雅维利虽主张强权政治，将政治与道德、宗教分离，歌颂强者、宣扬暴力，但他仍然坚持统治者个人要取信于民，“君王必须从本国的民众那里获得好感和支持，否则他一旦遭遇逆境，就再也找不到任何补救的办法了”③。

到了近代，社会契约论从宏观政治的层面阐释了政府的权力来自人民的信托，信用是政府存在的道义基础。现代西方的政务诚信理论大都秉持社会契约论思想，研究者们从不同的视角、用不同的方法分析政务诚信的形成机制、具体表现和作用以及如何防范政务失信风险，社会契约论时代正式开启。社会契约论思想家霍布斯、洛克、卢梭均认为，个人先于政府存在，由于人民的相互缔约，政府才得以产生。政府应该诚实守信，履行对人民的承诺，否则就会因背信而招致解体。

20世纪中期以来，西方政府官员丑闻不断，经济危机频发，极大地打击了公众对于政府的信任，源于制度经济学领域的委托代理理论被运用到政治伦理领域，委托代理理论应运而生。委托代理理论秉承社会契约论的理念，从微观层面对政务诚信问题进行了细致的探讨，力求找到克服委托代理关系中的信息不对称问题，以防范政务失信的产生。

20世纪70年代末，西方发达资本主义国家为了更有效地防范政府失信行为，实行了新公共管理运动。在政府运作过程中引入市场机制，以企

---

① 亚里士多德．政治学：节选本［M］．徐大同，选编．吴寿彭，译．北京：商务印书馆，2006.

② 阿奎那．阿奎那政治著作选［M］．马清槐，译．北京：商务印书馆，1963.

③ 马基雅维利．君主论［M］．潘汉典，译．北京：商务印书馆，1985.

业精神改造政府，实现政府行为的透明性、可控性，确保公民获得政府提供的有品质的服务，同时也确保公民对政府是否践诺进行评估、监督。

（二）中国政务诚信思想追溯

在中国传统诚信文化中，政务诚信占据重要地位。“为政以信”是中国传统文化历来不变的主张，即所谓“不信，民不从也”。

政务诚信思想最早可追溯到上古时代。中华民族的人文始祖黄帝和伏羲都特别重视诚信的美德。中国最早的历史文献《尚书》在描写夏商周以前的社会风貌时，极力歌颂尧、舜、禹讲诚信的品质，这都说明诚信是上古时代君王建立威信的必要素质。商周开明君主对诚信自觉躬行，如商朝的开国君主商汤是一位讲诚信的圣王，还有盘庚、西周文王、武王、周公旦、周成王，都把发扬先主诚信之徽作为己任。西周末代君主周幽王“烽火戏诸侯”，视诚信为儿戏，最终因失信赔上身家性命，则从另一个侧面说明政务失信的下场。

春秋战国时期，诸子百家都非常重视“诚信”在政治范畴中的作用，视“诚信”为治国安邦之本。儒家把“信”作为立国、治国的根本，并认为取信于民是执政的第一任务。“人而无信，不知其可也”（《论语·为政》）、“君命无二，失信不立”（《左传·襄公二十二年》）、“不信，民不从也”（《论语·颜渊》）、“闲之以礼，纠之以政，行之以礼，守之以信，奉之以仁”（《左传·昭公六年》），在《论语·颜渊》中有：“子贡问政。子曰：‘足食，足兵，民信之矣。’子贡曰：‘必不得已而去，于斯三者何先?’曰：‘去兵。’子贡曰：‘必不得已而去，于斯二者何先?’曰：‘去食’。自古皆有死，民无信不立。”在孔子看来，“信”是执政者有效治理国家的首要条件，比“食”“兵”更为重要。孔子曰：“上好信，则民莫敢不用情。”意即统治者只有诚实不欺，人民才会俯首听命。荀子用正反两方面的史实阐明了是否讲诚信与国家政权兴衰存亡的关系。“古者禹汤本义务信而天下大治，纣弃义背信而天下大乱。”“君子养心莫善于诚。”“天地为大矣，不诚则不能化万物；圣人为知矣，不诚则不能化万民；父子

为亲矣，不诚则疏；君上为尊矣，不诚则卑。夫诚者，君子之所守也，而政事之本也。”（《荀子·不苟》）

除了儒家，其他各家也强调“取信于民”对执政的重要性。道家以老子关于“道”的理论为基础，认为“道”是万物根源，在政务诚信思想上，强调自然“无为”，如《道德经》中说“夫轻诺必寡信”。墨家倡导以“兼爱”为原则的道德学说，墨子认为，国有七患中，其中第六患是“所信者不忠，所忠者不信”。法家以法治为思想核心，将“信”放在“法”之后作为治国之道，并指出“信”需要君臣共立。“国之所以治者三：一曰法，二曰信，三曰权。”韩非认为，“小信成则大信立，故明主积于信”。（《韩非子·外储说左上》）

汉武帝时期“罢黜百家，独尊儒术”，儒家思想成为中国传统文化的主流，形成了以“仁义礼智信”为基础的伦理思想体系，将“信”作为“五常”之一，加强“信”在中国传统道德规范中的地位，将“信”作为政治家的一种重要品德。

宋元明时期的宋明理学，由儒家发展而来，以儒家经学为基础，兼收佛道思想，传承和发展了历代政务诚信思想。

我国《宪法》规定，国家的一切权力属于人民。政府公共职责履行应以对人民的诚信为基础性准则，政府权力运行应当具有正当性、合法性，才能受到民众的高度信赖。

在中西方政务诚信思想演进历史进程中，随着理念的变化，政府已经逐渐转变为有限型、治理型、责任型。按照现代政府理念，政府是社会普遍利益和普遍意志的体现者，是公共产品和服务的提供者，是公共利益的促进者。在共同体内部，人民的服从多基于一种信任。行政工作人员在从事公务活动中必须恪守诚信原则，这是公务人员应当具有的良知和底线，也是他们取得公职人员资格和从事公务活动的前提。因此，政务诚信逐渐转变为公共选择工具，即政府是民众公共选择的结果，而政务诚信则是选择的依据。

第二节　社会公仆理论

公仆，是对政务诚信觉悟高，清正廉洁、不图私利并全心全意为人们服务的政务人员的形象称谓，通俗讲“好官”即公仆。

（一）公仆思想追溯和发展

公仆思想源远流长。古希腊思想家柏拉图就曾指出：“我把掌权的人叫‘公仆’，或‘法律执勤’。”在柏拉图看来，一个城邦的盛衰强弱就取决于公仆对人民的服务状态，或作为法律执勤的掌权者对于公共事务的执勤情况。首次运用“公仆”这一概念的是世界伟大的意大利诗人但丁。但丁在他的《论世界帝国》中说：“公民的代表和国王都是人民的统治者，但从最终目的这方面来说，他们却是人民的公仆。”随着资本主义的发展，越来越多的资产阶级思想家在论述资产阶级民主政治时，自觉和不自觉地继承和发展了但丁的“公仆思想”。如摩莱里、罗伯斯庇尔、乔治·华盛顿等都使用过“公仆”概念来表达和论证其“民权”思想。

对公仆思想进行系统深入阐述，并形成一套理论体系，则是由马克思主义经典作家所完成的。马克思主义经典作家以唯物史观为出发点，在纷繁复杂的政治现象背后形成了一系列理性的普遍性认识和系统性观点，建构起了社会公仆理论。

1871 年 5 月，马克思在《法兰西内战》中深刻总结巴黎公社革命经验，创立了“公仆理论”，认为无产阶级政府及其公职人员是人民的公仆，人民公仆必须为人民服务。中国共产党一贯倡导的全心全意为人民服务的宗旨，一切为了群众，一切依靠群众，从群众中来，到群众中去的群众路线等，都是对马克思主义社会公仆理论的具体运用。

（二）社会公仆理论内涵

概况来讲，马克思主义社会公仆理论可以通过以下几个方面来理解。

第一，社会公仆理论的前提是人民民主，人民群众是社会历史的主体，政务人员应该服务于广大群众，认真当好社会公仆。在马克思主义经典作家看来，人民群众是影响社会历史进程的根本力量，是社会历史的真正创造者，社会历史的真正主体是人民群众。人民群众在社会历史中的创造者角色和核心主体地位决定了在政治生活中必然由人民来当家作主。国家和政府的公职人员只是人民的代表，是人民用来管理国家的工具。马克思在《黑格尔法哲学批判》中明确指出：“人民主权不是凭借君王产生的，君王倒是凭借人民主权产生的。”马克思主义社会公仆理论所要揭示的是人民群众与政务人员之间的关系状态，按照人民民主逻辑，必然能得出政务人员应当服务于广大群众、认真当好社会公仆的结论。

第二，社会公仆理论的核心内容是全心全意为人民服务。马克思主义经典作家认为，在社会主义国家，由于人民是国家的主人，任何国家机构中的公职人员都是社会公仆。作为社会公仆，必须全心全意为人民服务，这是无法推卸的天然职责。社会公仆权力越大，为人民服务的责任就越大。判断政务人员是否是社会公仆，就要看其是否全心全意为人民服务，这是社会公仆理论的核心内容。

第三，社会公仆理论的实质是正确使用公共权力，自觉接受人民监督。在马克思主义经典作家看来，政务人员本质上只是受人民的委托和授权来管理公共事务的一部分人，他们的权力是人民赋予的。作为公仆的政务人员，必须正确地使用其手上掌握的公共权力。社会公仆使用权力要符合人民的根本利益，社会公仆的所有言行，都要契合人民的需要，都要符合人民的利益，都要自觉接受人民监督，如果出现了错误要勇于改正。

第四，社会公仆理论的内在要求是防止社会公仆蜕变。马克思主义经典作家认为，现实政治生活中，要防止出现“由社会公仆变为社会主人”权力异化现象。为防止社会公仆蜕变，马克思主义经典作家提出两条可靠方法：一是将政务职位交给那些由人民民主选出来的政务人员担任，并且规定人民可以罢免不称职的社会公仆；二是让群众进入国家机关和政务活动中，监督国家机关和政务人员的政务行为。

根据社会公仆理论，政务人员和人民群众之间是服务与被服务的关系。作为服务者，政务人员必须全心全意为人民服务。社会公仆对人民群众恪守诚信原则，对待服务对象做到诚实守信，是政务人员全心全意为人民服务的应有之义。如果公仆在公共行政中不公开不透明，制定的政策朝令夕改，为了谋取私利，不惜牺牲公众利益，弄虚作假、阳奉阴违等，做出各种政务失信行为，那么就严重背离了公仆的独特身份和政治角色。因此，政务人员能否做到政务诚信，是衡量政务人员是否为称职的社会公仆的重要指标。做到政务诚信，就要求社会公仆将人民的利益和愿望置于首位，在行政过程中公开透明，增强服务意识、当好“勤务员”，切实维护人民利益、实现人民诉求。

第三节 社会契约理论

契约，是指两个或两个以上平等主体在交易过程中，为了明确各自权利、义务而达成的协议。它本质上是约定交易各方权利和义务关系，体现交易各方平等性的一个载体。按照《现代汉语词典》的解释，契约是指“依照法律订立的正式的证明、出卖、抵押、租赁等关系的文书”。

（一）社会契约理论内涵

社会契约理论认为，国家起源于人们相互之间的契约。该理论将人类起初预设为自然状态。在自然状态下，由于没有强有力的公共权力存在，人们为了各自安全、各自利益彼此进行着侵犯，人们的生命、自由和财产等权利无法得到充分保障。为了摆脱自然状态，保障个人权利，人们需要一个凌驾于个体之上又体现个体意志的公共权威，来裁决和调整人们之间的利益冲突。于是，人们就转让了自己的一部分权利，通过个体间的契约建立一个政治共同体来保护自己的权利，这个通过契约建立起的政治共同体就是国家，即公民个人与国家之间因互信而建立契约关系，公民基于对国家的信任让渡出私权利给国家，形成国家公权力；国家对公民则许下承诺，应用国家公权力服务于公民私权利。

社会契约理论要求，国家公权力承担社会治理的责任和义务，作为契约一方的政府，理应实践契约中的承诺，积极地为公众利益服务，生产出满足公众需要的公共产品，信守对公民的承诺，而公民则对国家忠诚。国家公权力的服务承诺，实质是政务诚信。

按照社会契约理论，政府产生的首要条件是人们各自让渡出自己的一部分权力形成公共权力，国家的本质就是一个社会契约。这种契约的目的是建立一个有序的有组织的社会状态。在这个社会契约里，人类将公共权力交予政府并与政府形成一种契约关系，这个契约缔结的前提就是人们对政府的信任。一旦政府不能履行自己的诺言，或公共权力的行使偏离了当初缔约时的目标，人们就有权废除他并建立新的政府。因为政府的权力“起源于契约和协议以及构成社会的人们的同意”。政府是人们之间、人们与政府之间缔约的产物，信用是契约的派生价值，没有信用，契约也就失去了价值，这个社会契约就会失效，即政府是否诚信直接影响契约能否存续。

（二） 社会契约理论代表人物及其观点

社会契约论的思想在西方一直可以追溯到古罗马甚至古希腊时期，社会契约理论形成于16世纪末。伊壁鸠鲁最先提出社会契约思想，西欧的古典自然法学者和启蒙思想家发展并推广了这一学说。近代社会契约论以格劳秀斯、霍布斯、洛克、斯宾诺莎、卢梭、狄德罗等为主要代表，他们对社会契约论的理论贡献是巨大的。社会契约理论的主要代表作有：霍布斯所著的《利维坦》、洛克所著的《政府论》、卢梭所著的《社会契约论》等文献。

霍布斯指出，自然令人各方面的能力向平均发展，在人类中，即便是身体最强壮的人也能够被其他比不上自己的人联合起来击败。自然状态下的人，其欲望与价值往往存在冲突，造成人和人之间无时无刻不处于某种紧张的状况，也就是处于“战争状态”。可是，不管怎样，人们所有的行为都遵从一个相同的目标——生命的存活。这一相同的目标令人类超越自然状态，从而消除死亡带来的威胁。所以，人们达成某种协议自愿放弃某些权益，并将其交给由某个人或某部分人构成的会议，这个会议在社会中具有绝对权威，来对人们的安全和和平进行保护，国家即通过这一方式形成。

霍布斯在《利维坦》中写到，正义的源泉是守约，缺乏正义的表现是违约。正义的性质在于遵守有效的信约，而信约的有效性则取决于足以强制人们守约的社会权利的建立，也就是在社会权利建立以后所有权才开始。

洛克认为，在国家诞生前处于自然状态的人享有的那些与生俱来的生命自由权、财产权，由于存在着诸多缺陷而无法长期保持下去。这些缺陷包括没有法律作为评判是非和纠纷的统一标杆，缺少一个有权力和威望的知名裁判者依据法律裁判是非，没有支持正确裁判、确保法律执行的权力机构。这种缺陷所造成的直接影响就是生活在自然状态的人们极度地缺乏安全感。为了寻求保护，作为单个的人就把本身享有的部分特定权利交给大家都认可的组织，“组成一个民族，一个国度，将自身置于一个具有无上领导权威的政府下，或自己加入一个已经存在的政府”。

他认为，为了保障每个人的天赋权利即自由平等，人们需要一个凌驾于个体之上又体现个体意志的公共权威，来裁决和调整人与人之间的利益冲突。因此人们同意让渡自己的一部分权利，建立一个能够代表公众利益的政府，通过相互间的契约建立一个公共权力来保护自己的天赋权利，来充当“依照既定的法律来裁判一切争执的知名的和公正的裁判者”。自政府接受人民的委托时起，就向人民许下了诺言——政府必须保护人民的生命、财产安全。

卢梭提出，人在自然状态下属于自由平等的。不过，自然状态中也具有很多对人类生存发展不利的阻碍，这种自然状况无法保持下去，人们为了生存只有选择改变。而改变的结果就是签署契约，国家应运而生。“国家的实质，就是一大群人相互订立契约的结果”。

卢梭认为，行政权力的受任者绝非百姓的主人，而仅仅是人民的仕宦；人民可以按照自身的意愿委派他们，或将他们予以免职。这个社会的公约如果遭到毁坏，所有人将马上重获原有权力，同时在丧失约定自由的情况下，重新获得为约定自由而抛弃的天然自由。

卢梭在《社会契约论》中第一次提出了“天赋人权和主权在民”思想，他认为，国家主权来源于人民权利的让渡，因而归全体社会成员所有。但是全体社会成员无法同时直接参与国家治理，因此需要一个执行者代为执行，这个执行者就是政府。也就是说，政府并非主权者，而是主权的执行者。政府的公共权力来源于人民的契约授权，理所当然要按照人民的意志行事。人民也有权监督制约政府行为，倘若政府违背公共意志，侵犯了人民的利益，社会契约就遭到破坏，人民有权单方面撕毁契约，并以革命或民主的方式解除授权。

通过社会契约理论可以看出，“自然人”通过订立契约让渡自己的“自然权利”，换取“公共权力”保障其“公民权利”。缔结社会契约的目的，是为了避免自然状态下的彼此伤害，实现每个人的福利最大化。它所要解决的根本问题是：寻找一种合理有效的形式，政府能够保障每个缔结社会契约者的基本权利。

由此可见，公众将自己拥有的权利赋予政府及官员以实现自身的利益，政府及官员遵照契约履行公共管理和服务职责并获得相应报酬，这种公众与政府的契约关系中内在地存在着一种默认或隐含的信任关系，意味着政府为实现公众意愿而存在，要把最广大人民的利益作为一切工作的根本出发点。公众赋予政府权力，而政府接受公众的权利让渡，就有义务为公众提供满意的服务。契约规定了政府的义务和责任，因而信守承诺是政府守约的必然要求。

综上分析，政府是人与人之间、人们与政府之间缔结契约的产物，信用是契约的根本价值，没有信用，契约也就失去了存在的意义；而政府没有信用，就没有了契约的保障，它的存在也就失去了价值。社会契约建立在人民与政府相互信任、诚信相待的基础上，政府的一切活动均以诚实互信为基础。所以，政务诚信是政府的内在要求之一。

第四节　委托代理理论和交易成本理论

（一）委托代理理论

委托代理理论是现代西方经济学的重要理论，由美国经济学家伯利和米恩斯于20世纪30年代提出。该理论主要研究的委托代理关系是指一个或多个行为主体根据一种明示或隐含的契约，指定、雇佣另一些行为主体为其服务，同时授予后者一定的决策权利，并根据后者提供的服务数量和质量对其支付相应的报酬。授权者就是委托人，被授权者就是代理人。

20世纪70年代以后，委托代理理论被广泛引入政府管理，用来研究政府与民众之间的关系。该理论认为，当今社会，公民行使自身政治权利的意识不断提高，他们选举选出他们信赖的政府及政府组织，自愿将管理社会公共事务的权力委托给他们，此政府就成为了受选民委托的代理人，依据公民授予的政治权利行使治理国家的各种行政权力，以完成关于管理公共事务的委托。在委托代理关系中，民众为委托人，政府及政务人员为代理人，民众与政府之间存在着委托与代理、监督与被监督的关系。公众将行政权委托给政府行使，同时期望获得能维持其利益的政府产品，这实际上构成了政府的义务或职责。如中国宪法规定：一切权力属于人民，即人民是国家权力的所有者，政府由人民授权管理国家事务，因此形成人民与政府之间的委托代理关系。

根据委托代理理论，委托代理关系是一种契约关系，这种契约由委托人与代理人签订。

在国家机关代理公民行使政治权利时，由于国家公民基数庞大且人们掌握的信息数量不同，公民之间沟通也存在着鸿沟，代理过程中存在不确定性因素和信息不对称，代理人有信息上的优势，代理人的目标有可能偏离委托人目标，将使用自己的优势信息寻求个人利益，从而出现有利于代理人而有损于委托人的逆向选择和道德风险问题。

所谓逆向选择，是指政治代理人可以取得委托人难以获得的消息，通过向委托人隐瞒情况做出决定。所谓道德风险，是指委托人难以监督代理行为存在的漏洞，代理人借此损害委托人利益的代理行为。

由于可能出现逆向选择和道德风险问题，在实际行政过程中，政府作为代理人行使公共权力对国家和社会事务进行管理时，政务人员对社会资源再分配所持有的价值目标、政务人员的行为方式和努力工作程度都可能低于民众的期望甚至与民众的期望相悖，政府在一些情况下甚至无法有效履行职责。这样一来，委托人与代理人之间容易产生不信任，如果政府无法回应公众的期待和信任，就可能会出现信任危机，政府不能获得公众的信任甚至失去公众的信任，就会威胁到委托代理关系的存续，也意味着政府对社会的违约。

代理人可能出现逆向选择和道德风险问题，主要原因在于：委托代理理论假定，人性兼具恶性和理性，以追求自身利益最大化为潜在目的，作为由个体公务人员组成的政府必定也是如此。于是，现实中代理人与委托人之间不免会发生利益冲突。政治生活中，国家机关除了是公民政治代理人，也可以成为他人的委托人。当国家机关不单以维护公民权益为目的行使代理人权力时，即会以损害公民公共利益来换取利益集团的私人利益。

由此可见，在委托代理关系发生情况下，政务诚信就成为决定这种委托代理关系存续的最重要因素。为解决逆向选择和道德风险问题，防止政务失信，一个重要手段就是政府信息公开化。同时，要依靠政府的自我约束，以及政府对自身信用的主动追求，推动政务诚信建设；建立绩效激励机制和风险预警机制来防范政务失信和腐败行为产生。

（二） 交易成本理论

交易成本理论认为，若失信行为不需要付出足够的代价，失信带来的收益大于失信成本，失信行为就会继续下去；相反，如果失信成本大于失信产生的收益，则失信行为将会减少或消失。根据西方经济学中的“理性人”的假设，政府官员从事政治活动也有谋取自己私利的动机。如果他的失信成本小于他失信获得的收益而又不受法律制裁，就会诱发他更多的失信行为。因此，加大对失信主体的惩罚，提高失信成本，是减少失信行为的重要举措。

在市场中广泛存在着的交易成本不仅存在于经济生活，同样也存在于政治生活，政府进行公共管理时会考虑交易和交易成本。国家通过提供服务、保护和正义来换取收入，这是国家和国民之间的一种政治交易，或者说是一种契约关系的发生。从交易和交易成本出发，对政务诚信提出了两个层面的要求：一是从政府自身来讲，政府内部管理也是存在着交易成本的，这种交易成本主要源于政府行政的效率低下、制度建设不合理、内部管理无序、机构臃肿等负面效应。从规范行政的角度出发，政府提高了行政效率和服务水平，降低行政过程中运行成本，有助于提升政务诚信水平。二是从政府和社会的关系出发，国家或政府作为一个超脱于市场之外的拥有特殊权力的制度制定者，可以通过界定和明晰产权的方法来降低社会经济生活中所需的交易成本，这个过程中，国家或政府可以制定相应的公共政策以调控经济和界定产权。从这个角度来说，公共政策要保持稳定性而不能朝令夕改，只有稳定的公共政策环境才能产生一个稳定的社会产权结构，而稳定的产权结构能增加经济主体对未来较合理的预期，这些对实现降低社会交易成本、促进经济持续增长、提高国民福利目标非常重要。反之，不讲信用的政府主要表现之一就是朝令夕改，这不仅会导致国民无所适从，缺乏稳定的政策环境也将使社会的产权结构处于变动状态中，严重影响投资各方态度，进而导致投资收益减少，影响国民福利提高，不利于社会资源优化配置，形成对社会资源的浪费，对社会生产和经济发展产生负面影响，提高社会交易成本。

交易成本理论从降低政府内部和社会经济生活成本的角度分析，论证了提高政务诚信水平才是降低社会交易成本的关键。交易成本理论针对如何降低政府内部以及社会经济生活的成本提出了有效措施，提高政府行政效率和服务水平，以及保证一个稳定的政策环境等提高政务诚信水平的有益建议，为提高政务诚信水平提供了理论基础。对于政府来说，一方面，需要提高行政效率和服务水平，降低行政成本。另一方面，通过政务诚信来降低社会交易成本。

第五节 小结

本章分别介绍了政务诚信思想的历史追溯，以及与政务诚信相关的社会公仆理论、社会契约理论、委托代理理论和交易成本理论，试图从理论视角对政务诚信进行探讨。

璀璨的中西方历史文化演进过程中，政务诚信思想源远流长。西方政务诚信思想最早可以追溯到古希腊时期的柏拉图。从柏拉图起，包括亚里士多德、托马斯·阿奎那在内的绝大多数政治思想家都将政治与道德、宗教联系在一起，认为政治是要追求崇高的善，秉持一种伦理的政治观。后历经马基雅维利的嬗变，政务诚信思想到社会契约论时代获得了较大发展。到了近代，社会契约论从宏观政治层面阐释了政府的权力来自人民的信托，信用是政府存在的道义基础。20 世纪中期以来，源于制度经济学领域的委托代理理论被运用到政治伦理领域，委托代理理论应运而生。20 世纪 70 年代末，西方发达资本主义国家为了更有效地防范政府的失信行为，实行了新公共管理运动。在政府运作过程中引入市场机制，以企业精神改造政府，实现政府行为的透明性、可控性，确保公民获得政府提供的有品质的服务，同时也确保公民对政府是否践诺进行评估、监督。在中国传统诚信文化中，政务诚信占据重要地位。“为政以信”是中国传统文化历来不变的主张，即所谓“不信，民不从也”。政务诚信思想最早可追溯到上古时代。在中西方政务诚信思想演进的历史进程中，随着理念的变化，政府已经逐渐转变为有限型、治理型、责任型。政务诚信逐渐转变为公共选择工具，即政府是民众公共选择的结果，而政务诚信则是选择的依据。

社会公仆理论认为，社会公仆理论的前提是人民民主，人民群众是社会历史的主体，政务人员应当服务于广大群众、认真当好社会公仆；社会公仆理论的核心内容是全心全意为人民服务；社会公仆理论的实质是正确使用公共权力，自觉接受人民监督；社会公仆理论的内在要求是防止社会公仆蜕变。

根据社会公仆理论，政务人员和人民群众之间是服务与被服务的关系。作为服务者，政务人员必须全心全意为人民服务。社会公仆对人民群众恪守诚信原则，对待服务对象做到诚实守信，是政务人员全心全意为人民服务的应有之义。政务人员能否做到政务诚信，是衡量政务人员是否为称职的社会公仆的重要指标。

社会契约理论认为，国家的本质就是一个社会契约，这种契约的目的是为了建立一个有序的有组织的社会状态。在这个社会契约里，持有权力的是社会全部的公众，他们将手中的自然权利的一部分，通过委托交给政府，政府变成了主权者，代表公众来行使权力的过程就是政府履行契约的过程，而履行权力的最终结果是为公众谋求与交出去的权力相对应的利益。如果公众获得的利益不能满足他们的需求，那么政府将不被公众信任，这个社会契约就会失效，即政府是否诚信直接影响契约能否存续。

根据社会契约理论，政府是人与人之间、人们与政府之间缔结契约的产物，信用是契约的根本价值，没有信用，契约也就失去了存在的意义；而政府没有信用，就没有了契约的保障，它的存在也就失去了价值。社会契约是建立在人民与政府相互信任、诚信相待基础上，政府的一切活动均以诚实互信为基础。所以，政务诚信是政府的内在要求之一。

委托代理理论认为，委托代理关系是一种契约关系，由于在代理过程中存在不确定性因素和信息不对称，代理人有信息上的优势，代理人的目标有可能偏离委托人目标，将使用自己的优势信息寻求个人利益，从而出现有利于代理人而有损于委托人的逆向选择和道德风险问题。在委托代理关系发生情况下，政务诚信就成为决定这种委托代理关系存续的最重要因素。

根据委托代理理论，为解决逆向选择和道德风险问题，防止政务失信，一方面，要依靠政府的自我约束，以及政府对自身信用的主动追求，推动政务诚信建设。另一方面，建立绩效激励机制和风险预警机制来防范政务失信和腐败行为产生。

交易成本理论认为，若失信行为不需要付出足够的代价，失信带来的收益大于失信成本，失信行为就会继续下去；相反，如果失信成本大于失信产生的收益，则失信行为将会减少或消失。因此，加大对失信主体的惩罚，提高失信成本，是减少失信行为的重要举措。在市场中广泛存在着的交易成本不仅存在于经济生活，同样也存在于政治生活，政府进行公共管理时会考虑交易和交易成本。

交易成本理论从降低政府内部和社会经济生活成本的角度分析，论证了提高政务诚信水平才是降低社会交易成本的关键。交易成本理论针对如何降低政府内部以及社会经济生活的成本提出了有效措施，提高政府行政效率和服务水平，以及保证一个稳定的政策环境等提高政务诚信水平的有益建议，为提高政务水平提供了理论基础。

第三章　政务诚信建设基本框架

尽管政务诚信思想源远流长，但政务诚信概念正式提出时间并不长，至今不过10多年的时间。本章通过梳理政务诚信概念提出和历史演进，阐述了政务诚信建设的基本理念，并结合最新文件精神，梳理出政务诚信建设的基本框架。

第一节　政务诚信概念演进历程

（一）政务诚信概念提出及历史演进

政务诚信这一概念明确提出是在2006年10月党的十六届六中全会上，会议通过的《中共中央关于构建社会主义和谐社会若干重大问题的决定》指出："加强政务诚信、商务诚信、社会诚信建设，增强全社会诚实守信意识"，首次将政务诚信写入党的重大决定。

2011年10月，党的十七届六中全会通过的《中共中央关于深化文化体制改革推动社会主义文化大发展大繁荣若干重大问题的决定》进一步强调，把诚信建设摆在突出位置，大力推进政务诚信、商务诚信、社会诚信和司法公信建设，抓紧建立健全覆盖全社会的征信系统，加大对失信行为惩戒力度，在全社会广泛形成守信光荣、失信可耻的氛围。

2012年7月，国务院常务会议部署制订社会信用体系建设规划，继续将政务诚信放在社会信用体系建设的首位，而且进一步提出政府及其部门在社会诚信和信用体系建设中要起示范带头作用，坚持依法行政，推进政务公开，提高决策透明度，自觉接受社会监督，不断提升公信力。

2012 年 11 月，党的十八大明确将诚信作为社会主义核心价值体系建设的重要内容，并再次提出加强政务诚信建设。党的十八大报告指出，深入开展道德领域突出问题专项教育和治理，加强政务诚信、商务诚信、社会诚信和司法公信建设。

2014 年 6 月，国务院出台的我国信用领域首部国家级专项规划《社会信用体系建设规划纲要（2014—2020 年）》，将政务诚信摆在四大领域诚信建设的首要位置，并指出：“政务诚信是社会信用体系建设的关键，各类政务行为主体的诚信水平，对其他社会主体诚信建设发挥着重要的表率和导向作用。”“发挥政府诚信建设示范作用。各级人民政府首先要加强自身诚信建设，以政府的诚信施政，带动全社会诚信意识的树立和诚信水平的提高。”“加快推进政务诚信建设，建立一支守法守信、高效廉洁的公务员队伍。”政务诚信因此也被认为是当代中国社会信用体系建设的“龙头”和“抓手”。

2016 年 11 月 1 日，习近平总书记主持召开中央深改组第二十九次会议审议通过的《关于加强政务诚信建设的指导意见》指出：“加强政务诚信建设，对于进一步提升政府公信力、引领其他领域信用建设、弘扬诚信文化、培育诚信社会具有重要而紧迫的现实意义。”“坚持政务公开。加快推进决策、执行、管理、服务和结果全过程公开，让权力在阳光下运行。”

2016 年 12 月 22 日，国务院专门发文印发《关于加强政务诚信建设的指导意见》（国发〔2016〕76 号）（以下简称《指导意见》），从政务诚信的基本要求、政务诚信监督、政务诚信管理、重点领域政务诚信建设等方面对开展政务诚信工作进行部署，指明了政务诚信建设的基本方向和重点任务。

2020 年 3 月 3 日，中共中央办公厅、国务院办公厅印发的《关于构建现代环境治理体系的指导意见》提出，健全环境治理信用体系，加强政务诚信建设。

2020 年 5 月 17 日，新华社授权播发的《中共中央　国务院关于新时代推进西部大开发形成新格局的指导意见》提出，加强政务诚信建设，建立健全政府失信责任追究制度。

2020 年 5 月 18 日，新华社授权播发的《中共中央　国务院关于新时代加快完善社会主义市场经济体制的意见》提出，建立政务诚信监测治理体系，建立健全政府失信责任追究制度。

（二）政务诚信建设基本框架

《指导意见》将政务诚信作为社会信用体系建设的关键环节，阐述了政务诚信的基本理念，构建了政务诚信建设的基本框架。

具体来看，政务诚信建设基本框架包括基本原则、政务诚信监督体系、政务信用管理体系、政务诚信重点领域和保障措施几大部分。其中：政务诚信建设基本原则包括依法行政、政务公开、勤政高效、守信践诺、失信惩戒；政务诚信监督体系包括政务诚信专项督导机制、横向政务诚信监督机制以及社会监督和第三方机构评估机制等；政务信用管理体系包括加强公务员诚信教育、建立健全政务失信记录、健全守信激励与失信惩戒机制、健全信用权益保护和信用修复机制等；政务诚信建设重点领域包括政府采购、政府和社会资本合作、招标投标、招商引资、地方政府债务、街道和乡镇等；保障措施包括加强组织领导和工作协调、加快法规制度建设等内容。

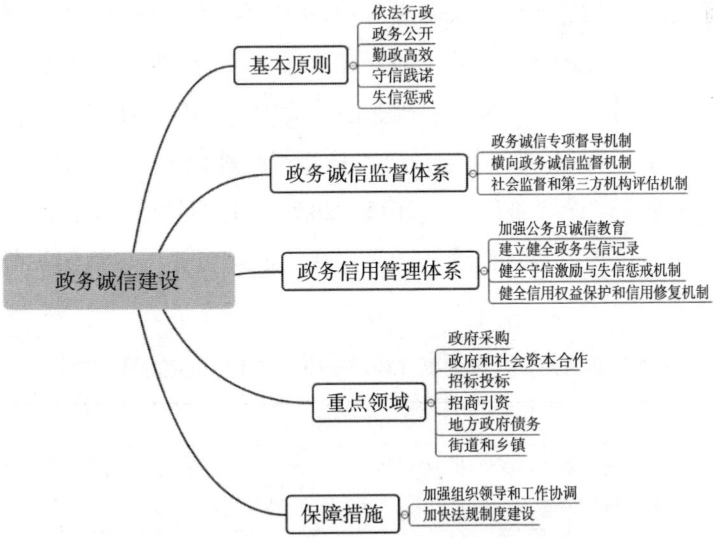

图7　政务诚信建设的基本框架

（资料来源：《关于加强政务诚信建设的指导意见》（国发〔2016〕76号））

第二节　政务诚信基本原则

根据《指导意见》，政务诚信基本原则包括依法行政、政务公开、勤政高效、守信践诺以及失信惩戒等。

（一）依法行政

《指导意见》明确要求，各级人民政府和公务员要始终坚持依法治国、依法行政，切实履行法定职责必须为、法无授权不可为的要求。健全依法决策机制，将公众参与、专家论证、风险评估、合法性审查、合规性审核、集体讨论决定等作为重大决策的必经程序。要按照权力和责任清单制度要求，切实做到依法决策、依法执行和依法监督。

实际上，关于依法行政，党中央、国务院已经作出了详细的部署。党的十八大把法治政府基本建成确立为到2020年全面建成小康社会的重要目标之一。为深入推进依法行政，加快建设法治政府，如期实现法治政府基本建成的奋斗目标，中共中央、国务院于2015年12月印发了《法治政府建设实施纲要（2015—2020年）》，对依法行政进行了全面部署。

《法治政府建设实施纲要（2015—2020年）》明确提出，政府职能切实转变，宏观调控、市场监管、社会管理、公共服务、环境保护等职责依法全面履行。

表1　《法治政府建设实施纲要（2015—2020年）》设定的政府职能

法定职能	具体要求
完善宏观调控	健全发展规划、投资管理、财政税收、金融等方面法律制度，加强发展战略、规划、政策、标准等制定和实施
	切实转变政府投资管理职能，确立企业投资主体地位，制定并公开企业投资项目核准目录清单

续表

法定职能	具体要求
完善宏观调控	完善主要由市场决定价格的机制，大幅缩减政府定价种类和项目，制定并公布政府定价目录，全面放开竞争性领域商品和服务价格
加强市场监管	清理、废除妨碍全国统一市场和公平竞争的各种规定和做法，破除部门保护、地区封锁和行业垄断
	深化商事制度改革，继续清理工商登记前置审批，加快工商登记后置审批改革
	进一步推进工商注册登记制度便利化，2015 年年底前实现工商营业执照、组织机构代码证、税务登记证“三证合一”“一照一码”
	推行电子营业执照和全程电子化登记，实行“一址多照”和“一照多址”
	加强事中、事后监管，创新市场监管方式，完善市场监管体系，建立透明、规范、高效的投资项目纵横联动、协同监管机制，实行综合监管，推广随机抽查，探索“智能”监管
	加强社会信用体系建设，建立健全全国统一的社会信用代码制度和信用信息共享交换平台，推进企业信用信息公示“全国一张网”建设，依法保护企业和个人信息安全
	完善外资管理法律法规，保持外资政策稳定、透明、可预期
	健全对外投资促进制度和服务体系，支持企业扩大对外投资，推动装备、技术、标准、服务走出去
创新社会治理	加强社会治理法律、体制机制、能力、人才队伍和信息化建设，提高社会治理科学化和法治化水平
	完善社会组织登记管理制度。适合由社会组织提供的公共服务和解决的事项，交由社会组织承担
	支持和发展社会工作服务机构和志愿服务组织。规范和引导网络社团社群健康发展，加强监督管理
	深入推进社会治安综合治理，健全落实领导责任制
	完善立体化社会治安防控体系，有效防范管控影响社会安定的问题，保护人民生命财产安全
	提高公共突发事件防范处置和防灾救灾减灾能力。全方位强化安全生产，全过程保障食品药品安全
	推进社会自治，发挥市民公约、乡规民约、行业规章、团体章程等社会规范在社会治理中的积极作用

续表

法定职能	具体要求
优化公共服务	着力促进教育、卫生、文化等社会事业健康发展，强化政府促进就业、调节收入分配和完善社会保障职能，加快形成政府主导、覆盖城乡、可持续的基本公共服务体系，实现基本公共服务标准化、均等化、法定化
	建立健全政府购买公共服务制度，公开政府购买公共服务目录，加强政府购买公共服务质量监管
	推进公共服务提供主体和提供方式多元化，凡属事务性管理服务，原则上都要引入竞争机制向社会购买；确需政府参与的，实行政府和社会资本合作模式
强化生态环境保护	加快建立和完善有效约束开发行为和促进绿色发展、循环发展、低碳发展的生态文明法律制度
	深化资源型产品价格和税费改革，实行资源有偿使用制度和生态补偿制度
	改革生态环境保护管理体制，完善并严格实行环境信息公开制度、环境影响评价制度和污染物排放总量控制制度
	健全生态环境保护责任追究制度和生态环境损害赔偿制度。对领导干部实行自然资源资产离任审计

资料来源：《法治政府建设实施纲要（2015—2020年）》。

《法治政府建设实施纲要（2015—2020年）》明确提出，推进行政决策科学化、民主化、法治化，实现行政决策制度科学、程序正当、过程公开、责任明确，决策法定程序严格落实，决策质量显著提高，决策效率切实保证，违法决策、不当决策、拖延决策明显减少并得到及时纠正，行政决策公信力和执行力大幅提升。

表2　推进行政决策科学化、民主化、法治化举措具体要求

推进行政决策科学化、民主化、法治化举措	具体要求
健全依法决策机制	完善重大行政决策程序制度，明确决策主体、事项范围、法定程序、法律责任，规范决策流程，强化决策法定程序的刚性约束
增强公众参与实效	事关经济社会发展全局和涉及群众切身利益的重大行政决策事项，应当广泛听取意见，与利害关系人进行充分沟通，并注重听取有关人大代表、政协委员、人民团体、基层组织、社会组织的意见

续表

推进行政决策科学化、民主化、法治化举措	具体要求
增强公众参与实效	各级行政机关特别是市县两级政府要加强公众参与平台建设，对社会关注度高的决策事项，应当公开信息、解释说明，及时反馈意见采纳情况和理由
	推行文化教育、医疗卫生、资源开发、环境保护、公用事业等重大民生决策事项民意调查制度
提高专家论证和风险评估质量	加强中国特色新型智库建设，建立行政决策咨询论证专家库
	对专业性、技术性较强的决策事项，应当组织专家、专业机构进行论证
	选择论证专家要注重专业性、代表性、均衡性，支持其独立开展工作，逐步实行专家信息和论证意见公开
	落实重大决策社会稳定风险评估机制
加强合法性审查	建立行政机关内部重大决策合法性审查机制，未经合法性审查或经审查不合法的，不得提交讨论
	建立政府法制机构人员为主体、吸收专家和律师参加的法律顾问队伍，保证法律顾问在制定重大行政决策、推进依法行政中发挥积极作用
坚持集体讨论决定	重大行政决策应当经政府常务会议或者全体会议、部门领导班子会议讨论，由行政首长在集体讨论基础上作出决定
	行政首长拟作出的决定与会议组成人员多数人的意见不一致的，应当在会上说明理由
	集体讨论情况和决定要如实记录、完整存档
严格决策责任追究	决策机关应当跟踪决策执行情况和实施效果，根据实际需要进行重大行政决策后评估
	健全并严格实施重大决策终身责任追究制度及责任倒查机制，对决策严重失误或者依法应该及时作出决策但久拖不决造成重大损失、恶劣影响的，严格追究行政首长、负有责任的其他领导人员和相关责任人员的党纪政纪和法律责任

资料来源：《法治政府建设实施纲要（2015—2020年）》。

《法治政府建设实施纲要（2015—2020年）》明确提出，大力推行权力清单、责任清单、负面清单制度并实行动态管理。在全面梳理、清理调整、审核确认、优化流程的基础上，将政府职能、法律依据、实施主体、职责权限、管理流程、监督方式等事项以权力清单的形式向社会公开，逐一厘清与行政权力相对应的责任事项、责任主体、责任方式。

为对上述要求有更加深入的了解，我们不妨看几个案例（见表3～表5）。

表 3　　案例：北京市发展改革委 2019 年权力清单

序号	实施主体	职权编码	职权名称	职权类型	依据名称	发布号令	行使层级
1	北京市发展改革委	L0000900	国家重点建设水电站项目和国家核准（审批）水电站项目竣工验收	行政许可	国家能源局关于印发《水电工程验收管理办法》（2015 年修订版）的通知	国能新能〔2015〕426 号	市级
					国务院关于取消和调整一批行政审批项目等事项的决定	国发〔2014〕50 号	
2	北京市发展改革委	B0002200	临时价格干预范围事项提价申报	行政许可	中华人民共和国价格法	中华人民共和国主席令第 92 号	市级
					非常时期落实价格干预措施和紧急措施暂行办法	2003 年国家发展改革委令第 5 号	
3	北京市发展改革委	G0000900	对境外投资项目备案监管	行政检查	企业境外投资管理办法	2017 年国家发展改革委令第 11 号	市级
4	北京市发展改革委	H0000700	上报国家发展改革委审批的进口设备免税确认书初审	行政确认	国家发展改革委关于办理外商投资项目《国家鼓励发展的内外资项目确认书》有关问题的通知	发改外资〔2006〕316 号	市级
					关于调整内资项目进口设备免税确认书出具依据等事项的通知	发改办规划〔2005〕682 号	
					国家发展改革委关于办理内资项目“国家鼓励发展的内外资项目确认书”有关问题的通知	发改规划〔2003〕900 号	
					关于调整进口设备税收政策的通知	国发〔1997〕37 号	

续表

序号	实施主体	职权编码	职权名称	职权类型	依据名称	发布号令	行使层级
5	北京市发展改革委	L0000400	节能目标考核考评	其他职权	中华人民共和国节约能源法	1997年11月1日第八届全国人民代表大会常务委员会第二十八次会议通过，1997年11月1日中华人民共和国主席令第九十号公布，自1998年1月1日起施行。第十届全国人民代表大会常务委员会第三十次会议于2007年10月28日修订通过，中华人民共和国主席令第七十七号令发布，自2008年4月1日起施行	市级
					北京市实施中华人民共和国节约能源法办法	2010年5月28日北京市第十三届人民代表大会常务委员会第18次会议修订	
					关于印发北京市“十二五”时期节能目标责任评价考核考评工作方案的通知	京政办发〔2011〕68号	
6	北京市发展改革委	L0001200	境外投资项目备案	其他职权	境外投资项目核准和备案管理办法	国家发展改革委2014年令第9号	市级
					国务院办公厅转发国家发展改革委、商务部、人民银行、外交部《关于进一步引导和规范境外投资方向指导意见的通知》	国办发〔2017〕74号	
					关于修改《境外投资项目核准和备案管理办法》和《外商投资项目核准和备案管理办法》有关条款的决定	国家发展改革委2014年令第20号	
7	北京市发展改革委	L0001600	汽车整车投资项目备案（内资）	其他职权	汽车产业投资管理规定	2018年国家发展改革委令第22号	市级
					企业投资项目核准和备案管理条例	2016年国务院令第673号	

资料来源：北京市人民政府。

表 4　案例：贵州省铜仁市统计局 2019 版权力责任清单

序号	权力类型	权力名称	权力依据	责任事项	责任事项依据	责任科室	追责对象范围
1	行政处罚	对未经委托以政府或者政府有关部门的名义实施统计调查的单位或个人的处罚	《贵州省统计管理条例》第 40 条	1. 立案责任：对检查中发现或者接受违法行为投诉或举报的，依法作出立案受理或不予受理决定（不予受理应当告知理由）。2. 调查责任：对投诉或举报内容进行现场调查核实；执法人员与当事人有直接利害关系的，应当回避。3. 审查责任：对案件违法事实、证据、调查取证程序、法律适用、处罚种类和幅度、当事人陈述和申辩理由等方面进行审查，提出处理意见。4. 告知责任：在行政处罚决定前，应书面告知当事人违法事实理由、依据及其享有的陈述、申辩、要求听证等权利。5. 决定责任：依法应当给予行政处罚的，制作盖有行政机关印章的行政处罚决定书。6. 送达责任：行政处罚决定书作出后，按法律规定的时限、方式送达当事人。7. 执行责任：督促当事人履行生效的行政处罚决定，对逾期不履行的，依照《行政强制法》的规定执行。8. 法律法规规章文件规定应履行的其他责任	《行政处罚法》第 15、31、37、38、39、40、42 条；《贵州省统计管理条例》第 40 条	铜仁市统计局政策法规科	单位法定代表人、分管领导、内设机构负责人、具体承办人

续表

序号	权力类型	权力名称	权力依据	责任事项	责任事项依据	责任科室	追责对象范围
2	行政处罚	对未按要求签署、保存统计资料等行为的处罚	《贵州省统计管理条例》第42条	1. 立案责任：对检查中发现或者接受违法行为投诉或举报的，依法作出立案受理或不予受理决定（不予受理应当告知理由）。2. 调查责任：对投诉或举报内容进行现场调查核实；执法人员与当事人有直接利害关系的，应当回避。3. 审查责任：对案件违法事实、证据、调查取证程序、法律适用、处罚种类和幅度、当事人陈述和申辩理由等方面进行审查，提出处理意见。4. 告知责任：在行政处罚决定前，应书面告知当事人违法事实理由、依据及其享有的陈述、申辩、要求听证等权利。5. 决定责任：依法应当给予行政处罚的，制作盖有行政机关印章的行政处罚决定书。6. 送达责任：行政处罚决定书作出后，按法律规定的时限、方式送达当事人。7. 执行责任：督促当事人履行生效的行政处罚决定，对逾期不履行的，依照《行政强制法》的规定执行。8. 法律法规规章文件规定应履行的其他责任	《行政处罚法》第15、31、37、38、39、40、42条；《贵州省统计管理条例》第42条	铜仁市统计局政策法规科	单位法定代表人、分管领导、内设机构负责人、具体承办人

续表

序号	权力类型	权力名称	权力依据	责任事项	责任事项依据	责任科室	追责对象范围
3	行政处罚	对未按照要求使用统计数据的处罚	《贵州省统计管理条例》第43条	1. 立案责任：对检查中发现或者接受违法行为投诉或举报的，依法作出立案受理或不予受理决定（不予受理应当告知理由）。2. 调查责任：对投诉或举报内容进行现场调查核实；执法人员与当事人有直接利害关系的，应当回避。3. 审查责任：对案件违法事实、证据、调查取证程序、法律适用、处罚种类和幅度、当事人陈述和申辩理由等方面进行审查，提出处理意见。4. 告知责任：在行政处罚决定前，应书面告知当事人违法事实理由、依据及其享有的陈述、申辩、要求听证等权利。5. 决定责任：依法应当给予行政处罚的，制作盖有行政机关印章的行政处罚决定书。6. 送达责任：行政处罚决定书作出后，按法律规定的时限、方式送达当事人。7. 执行责任：督促当事人履行生效的行政处罚决定，对逾期不履行的，依照《行政强制法》的规定执行。8. 法律法规规章文件规定应履行的其他责任	《行政处罚法》第15、31、37、38、39、40、42条；《贵州省统计管理条例》第43条	铜仁市统计局政策法规科	单位法定代表人、分管领导、内设机构负责人、具体承办人

续表

序号	权力类型	权力名称	权力依据	责任事项	责任事项依据	责任科室	追责对象范围
4	行政处罚	对拒绝提供统计资料或者经催报后仍未按时提供，提供不真实或者不完整的统计资料，拒绝、阻碍统计调查、统计检查；对拒绝答复或者不如实答复统计检查查询书；对转移、隐匿、篡改、毁弃或者拒绝提供原始记录和凭证、统计台账、统计调查表及其他相关证明和资料的行为的处罚	《中华人民共和国统计法》第41条	1. 立案责任：对检查中发现或者接受违法行为投诉或举报的，依法作出立案受理或不予受理决定（不予受理应当告知理由）。2. 调查责任：对投诉或举报内容进行现场调查核实；执法人员与当事人有直接利害关系的，应当回避。3. 审查责任：对案件违法事实、证据、调查取证程序、法律适用、处罚种类和幅度、当事人陈述和申辩理由等方面进行审查，提出处理意见。4. 告知责任：在行政处罚决定前，应书面告知当事人违法事实理由、依据及其享有的陈述、申辩、要求听证等权利。5. 决定责任：依法应当给予行政处罚的，制作盖有行政机关印章的行政处罚决定书。6. 送达责任：行政处罚决定书作出后，按法律规定的时限、方式送达当事人。7. 执行责任：督促当事人履行生效的行政处罚决定，对逾期不履行的，依照《行政强制法》的规定执行。8. 法律法规规章文件规定应履行的其他责任	《行政处罚法》第15、31、37、38、39、40、42条；《统计法》第41条	铜仁市统计局政策法规科	单位法定代表人、分管领导、内设机构负责人、具体承办人

续表

序号	权力类型	权力名称	权力依据	责任事项	责任事项依据	责任科室	追责对象范围
5	行政处罚	对迟报统计资料，未按照国家有关规定设置原始记录、统计台账的行为的处罚	《中华人民共和国统计法》第42条	1. 立案责任：对检查中发现或者接受违法行为投诉或举报的，依法作出立案受理或不予受理决定（不予受理应当告知理由）。2. 调查责任：对投诉或举报内容进行现场调查核实；执法人员与当事人有直接利害关系的，应当回避。3. 审查责任：对案件违法事实、证据、调查取证程序、法律适用、处罚种类和幅度、当事人陈述和申辩理由等方面进行审查，提出处理意见。4. 告知责任：在行政处罚决定前，应书面告知当事人违法事实理由、依据及其享有的陈述、申辩、要求听证等权利。5. 决定责任：依法应当给予行政处罚的，制作盖有行政机关印章的行政处罚决定书。6. 送达责任：行政处罚决定书作出后，按法律规定的时限、方式送达当事人。7. 执行责任：督促当事人履行生效的行政处罚决定，对逾期不履行的，依照《行政强制法》的规定执行。8. 法律法规规章文件规定应履行的其他责任	《行政处罚法》第15、31、37、38、39、40、42条；《统计法》第42条	铜仁市统计局政策法规科	单位法定代表人、分管领导、内设机构负责人、具体承办人

续表

序号	权力类型	权力名称	权力依据	责任事项	责任事项依据	责任科室	追责对象范围
6	行政处罚	对在重大国情国力普查活动中拒绝、阻碍统计调查，或者提供不真实或者不完整的普查资料的行为的处罚	《统计法》第44条《全国经济普查条例》第36条《全国农业普查条例》第39条《全国污染源普查条例》第39条	1. 立案责任：对检查中发现或者接受违法行为投诉或举报的，依法作出立案受理或不予受理决定（不予受理应当告知理由）。2. 调查责任：对投诉或举报内容进行现场调查核实；执法人员与当事人有直接利害关系的，应当回避。3. 审查责任：对案件违法事实、证据、调查取证程序、法律适用、处罚种类和幅度、当事人陈述和申辩理由等方面进行审查，提出处理意见。4. 告知责任：在行政处罚决定前，应书面告知当事人违法事实理由、依据及其享有的陈述、申辩、要求听证等权利。5. 决定责任：依法应当给予行政处罚的，制作盖有行政机关印章的行政处罚决定书。6. 送达责任：行政处罚决定书作出后，按法律规定的时限、方式送达当事人。7. 执行责任：督促当事人履行生效的行政处罚决定，对逾期不履行的，依照《行政强制法》的规定执行。8. 法律法规规章文件规定应履行的其他责任	《行政处罚法》第15、31、37、38、39、40、42条；《全国经济普查条例》第36条；《全国农业普查条例》第39条；《全国污染源普查条例》第39条	铜仁市统计局政策法规科	单位法定代表人、分管领导、内设机构负责人、具体承办人

续表

序号	权力类型	权力名称	权力依据	责任事项	责任事项依据	责任科室	追责对象范围
7	行政处罚	对伪造、变造或者冒用《国家统计调查证》的处罚	《统计调查证管理办法》（国家统计局令第19号）第12条	1. 立案责任：对检查中发现或者接受违法行为投诉或举报的，依法作出立案受理或不予受理决定（不予受理应当告知理由）。2. 调查责任：对投诉或举报内容进行现场调查核实；执法人员与当事人有直接利害关系的，应当回避。3. 审查责任：对案件违法事实、证据、调查取证程序、法律适用、处罚种类和幅度、当事人陈述和申辩理由等方面进行审查，提出处理意见。4. 告知责任：在行政处罚决定前，应书面告知当事人违法事实理由、依据及其享有的陈述、申辩、要求听证等权利。5. 决定责任：依法应当给予行政处罚的，制作盖有行政机关印章的行政处罚决定书。6. 送达责任：行政处罚决定书作出后，按法律规定的时限、方式送达当事人。7. 执行责任：督促当事人履行生效的行政处罚决定，对逾期不履行的，依照《行政强制法》的规定执行。8. 法律法规规章文件规定应履行的其他责任	《行政处罚法》第15、31、37、38、39、40、42条；《统计调查证管理办法》第12条	铜仁市统计局政策法规科	单位法定代表人、分管领导、内设机构负责人、具体承办人

续表

序号	权力类型	权力名称	权力依据	责任事项	责任事项依据	责任科室	追责对象范围
8	行政奖励	对做出突出贡献、取得显著成绩统计人员或集体给予表彰和奖励，对检举统计违法行为有功的集体和个人给予表彰和奖励	《中华人民共和国统计法》第8条 《统计法实施条例》第35条 《全国人口普查条例》第10条 《全国农业普查条例》第36条 《全国经济普查条例》第34条	1. 受理责任：对申报集体或个人表彰和奖励的材料进行受理。 2. 审查责任：对奖励对象的材料进行审查；提出拟办意见。 3. 公示责任：依法对准予公开的内容进行公示。 4. 决定责任：作出予以表彰或不予表彰决定（不予表彰的，应当告知理由）；制发评选表彰文书。 5. 法律法规规章文件规定应履行的其他责任	《统计法》第8条； 《统计法实施条例》第35条； 《全国人口普查条例》第10条； 《全国农业普查条例》第36条； 《全国经济普查条例》第34条	办公室、商贸劳资服务业科、农村科、普查中心	单位法定代表人、分管领导、内设机构负责人、具体承办人

资料来源：铜仁市人民政府。

表 5　　案例：甘孜州国资委负面清单

一、请示上报类			
序号	事项范围	内容	权限
1	投资项目	1. 州属集团公司（总公司）单笔投资额 3000 万元及以上的投资项目。 2. 州属集团公司控股和实际控股的下属公司单笔投资额 5000 万元及以上的投资项目。 3. 列入州国资委“投资特别监管企业”名单的企业实施超过 1000 万元（含）的投资项目	州政府审批
2	融资担保	1. 州属集团公司（总公司）单笔融资和担保额 5000 万元及以上的融资项目。 2. 集团公司控股和实际控制的下属公司单笔融资和担保额 5000 万元及以上的融资项目	
3	企业改制	1. 州属一级企业设立、合并、分立、解散、申请破产、增减注册资本等事项。 2. 州属一级企业及其重要子企业的改制重组、出资设立新公司、上市及再融资方案的审核	
4	国有资产交易	1. 州属监管企业资本金变动、企业产权、股权转让、增资扩股等事项。 2. 州属监管企业资产交易项目的核准	
5	企业领导人员管理	一级重点企业领导人员任免、企业负责人出国（境）的事项	州委组织部审批
二、审批限制类			
序号	事项范围	内容	权限
1	投资项目	1. 不符合国家产业政策的投资项目。2. 不符合经州国资委审核的企业发展战略规划的投资项目。3. 未按规定履行政府审批程序的投资项目。4. 不符合企业投资决策程序和管理制度的投资项目。5. 未明确融资、投资、管理、退出方式和责任人的投资项目。6. 项目资本金低于国家规定要求的投资项目。7. 投资预期收益率低于 5 年期国债利率的商业性投资项目。8. 在境外设立承担无限责任的经营实体。9. 三级及以下子企业（不包括上市公司和经特别授权的企业）开展股权投资。10. 投资项目可行性分析、尽职调查分析不可行的项目。11. 未纳入年度计划的投资项目。12. 对项目进行拆分，规避审批的项目。13. 企业未按规定履行决策程序的项目。14. 未进行可行性分析以及股权投资尽职调查、资产评估等程序的项目。15. 未按《甘孜州国资委关于印发〈甘孜州州属国有企业投资监督管理试行办法〉的通知》（甘国资〔2019〕58 号）要求提交材料的项目。16. 资产负债率达到 70% 且连续两年亏损，单项投资额 1000 万元以上的项目	州国资委禁止审批

续表

二、审批限制类			
序号	事项范围	内容	权限
2	企业改制	1. 企业未按规定履行决策和审批程序上报州国资委的请示事项。2. 故意转移、隐匿国有资产或向中介机构提供虚假信息，操纵中介机构出具上报虚假清产核资、财务审计与资产评估鉴证结果的行为。3. 将国有资产以明显不公允低价折股、出售或无偿分给其他单位或个人的行为。4. 在发展混合所有制经济、实施员工持股计划等改组改制过程中变相套取、私分国有股权的行为。5. 改制后的公司章程中国有权益保护条款缺失等事项。6. 未按规定组织开展清产核资、财务审计和资产评估的行为。7. 改制为国有控股企业的，原企业向继续留用职工支付经济补偿金的行为。8. 未按规定收取国有资产转让价款的行为	州国资委禁止审批
3	企业破产退出	职工安置方案不完善、安置资金不落实、安置方案未经职工代表大会或职代会审议通过的	
4	资产转让增资扩股	1. 权属关系不明确或者存在权属纠纷的。2. 未按规定履行决策和审批程序或超越授权范围的。3. 违反公开公平交易原则，暗箱操作，低价转让企业产权、上市公司股权以及增资扩股的	
5	资产评估	1. 聘请不符合相应资质条件的资产评估机构从事国有资产评估活动的。2. 向资产评估机构提供虚假情况和资料，或者与资产评估机构串通作弊导致评估结果失实的。3. 应当办理核准、备案而未办理的	
6	企业领导人员薪酬	1. 企业承担超出国家和我州有关规定福利待遇和应由个人扣缴基本社会保险和住房公积金的。2. 企业负责人因工作变动离开原岗位但工资关系仍保留在原企业，自任免通知下发次月起，继续领取绩效年薪和任期激励收入的	
7	企业担保	1. 融资担保事项不符合国家法律法规相关规定。2. 向境外非金融机构进行任何形式的融资。3. 企业未按规定履行决策程序。4. 律师事务所未出具法律意见书。5. 未按《甘孜州国资委关于印发〈甘孜州州属国有企业融资和担保管理试行办法〉的通知》（甘国资〔2019〕59 号）要求提交融资担保材料	
8	低押设置	1. 未按规定办理企业国有资产产权登记证。2. 所有权、使用权不明或者有争议的国有资产。3. 依法被查封、扣押的国有资产。4. 依法抵押或质押的其他国有资产	

续表

序号	事项范围	内容	权限
二、审批限制类			
序号	事项范围	内容	权限
9	对外捐赠	1. 州属监管企业及其所属企业经营者上报将企业拥有的资产以个人名义对外捐赠。2. 各类有关捐赠的虚假宣传或许诺行为。3. 未经州属监管企业同意，各所属企业擅自对外捐赠	州国资委禁止审批
10	财务监督	1. 企业编制虚假财务报告，账实严重不符。2. 企业融资使用与正常生产经营不匹配的高息类债务；通过集资、地下钱庄等各种非法途径融资的。3. 过度负债及企业持续经营，恶意逃废金融债务。4. 瞒报、漏报重大债务风险及风险损失事件。5. 无商业实质或不计成本的盲目举债、过度负债和人情负债等。6. 现金坐支、小金库或账外账、公款私存等现象	
三、严格禁止类			
序号	事项范围	内容	权限
1	企业兼职	公职人员违规在企业兼任职务	禁止
2	经费报销	在企业报销差旅费、公务经费或转嫁应由本人或家人等亲属负担的各项私人开支费用	
3	选人用人	以职务之便指定、授意、暗示、打招呼、批条子等方式干预企业选人用人	
4	项目实施	企业开展项目立项、审批、开工等时段通过指定、授意、暗示等方式，以提取佣金、输送利益等手段获取项目各项支持	
5	车辆使用	公车私用、私车公养或向企业私借车辆使用、转嫁相关费用	
6	公务接待	不属于公务接待，将私人宴请的情形由企业公款买单、转嫁相关费用	

资料来源：四川甘孜藏族自治州人民政府。

（二）政务公开

《指导意见》明确要求，推进阳光行政，坚持“以公开为常态，不公开为例外”原则，在保护国家信息安全、国家秘密、商业秘密和个人隐私的前提下，通过各地区各部门政府网站、政务微博微信、政务客户端等途径依法公开政务信息，加快推进决策、执行、管理、服务和结果全过程公开，让权力在阳光下运行。制定法律法规、规章和规范性文件要广泛征求社会意见。严格依法依规开展招商引资、政府采购、招标投标等工作，充分体现公开、公平、公正。

除以上要求外，说到政务公开，不得不提的一个重要文件就是《中华人民共和国政府信息公开条例》，它于 2007 年 4 月 5 日由中华人民共和国国务院令第 492 号公布，2019 年 4 月 3 日由中华人民共和国国务院令第 711 号修订，修订后的《中华人民共和国政府信息公开条例》自 2019 年 5 月 15 日起施行。

该条例明确提出，行政机关公开政府信息，应当坚持以公开为常态、不公开为例外，遵循公正、公平、合法、便民的原则。除以下政府信息外，政府信息应当公开：（一）依法确定为国家秘密的政府信息，法律、行政法规禁止公开的政府信息，以及公开后可能危及国家安全、公共安全、经济安全、社会稳定的政府信息，不予公开。（二）涉及商业秘密、个人隐私等公开会对第三方合法权益造成损害的政府信息，行政机关不得公开。但是，第三方同意公开或者行政机关认为不公开会对公共利益造成重大影响的，予以公开。（三）行政机关的内部事务信息，包括人事管理、后勤管理、内部工作流程等方面的信息，可以不予公开。行政机关在履行行政管理职能过程中形成的讨论记录、过程稿、磋商信函、请示报告等过程性信息以及行政执法案卷信息，可以不予公开。法律、法规、规章规定上述信息应当公开的，从其规定。

行政机关公开政府信息，采取主动公开和依申请公开的方式。其中，行政机关应当主动公开的政府信息包括：（一）行政法规、规章和规范性文件；（二）机关职能、机构设置、办公地址、办公时间、联系方式、负责人姓名；（三）国民经济和社会发展规划、专项规划、区域规划及相关政策；（四）国民经济和社会发展统计信息；（五）办理行政许可和其他对外管理服务事项的依据、条件、程序以及办理结果；（六）实施行政处罚、行政强制的依据、条件、程序以及本行政机关认为具有一定社会影响的行政处罚决定；（七）财政预算、决算信息；（八）行政事业性收费项目及其依据、标准；（九）政府集中采购项目的目录、标准及实施情况；（十）重大建设项目的批准和实施情况；（十一）扶贫、教育、医疗、社会保障、促进就业等方面的政策、措施及其实施情况；（十二）突发公共事件的应急预案、预警信息及应对情况；（十三）环境保护、公共卫生、安全生产、食品药品、产品质量的监督检查情况；（十四）公务员招考的职位、名额、报考条件等事项以及录用结果；（十五）法律、法规、规章和国家有关规定应当主动公开的其他政府信息。

同时，设区的市级、县级人民政府及其部门还应当根据本地方的具体情况，主动公开涉及市政建设、公共服务、公益事业、土地征收、房屋征收、治安管理、社会救助等方面的政府信息；乡（镇）人民政府还应当根据本地方的具体情况，主动公开贯彻落实农业农村政策、农田水利工程建设运营、农村土地承包经营权流转、宅基地使用情况审核、土地征收、房屋征收、筹资筹劳、社会救助等方面的政府信息。

《中华人民共和国政府信息公开条例》还要求，行政机关应当建立健全政府信息发布机制，将主动公开的政府信息通过政府公报、政府网站或者其他互联网政务媒体、新闻发布会以及报刊、广播、电视等途径予以公开。各级人民政府应当加强依托政府门户网站公开政府信息的工作，利用统一的政府信息公开平台集中发布主动公开的政府信息。政府信息公开平台应当具备信息检索、查阅、下载等功能。属于主动公开范围的政府信息，应当自该政府信息形成或者变更之日起 20 个工作日内及时公开。法律、法规对政府信息公开的期限另有规定的，从其规定。

《中华人民共和国政府信息公开条例》强调，县级以上地方人民政府的政府信息公开工作主管部门应当在每年3月31日前向社会公布本级政府上一年度政府信息公开工作年度报告。政府信息公开工作年度报告应当包括下列内容：（一）行政机关主动公开政府信息的情况；（二）行政机关收到和处理政府信息公开申请的情况；（三）因政府信息公开工作被申请行政复议、提起行政诉讼的情况；（四）政府信息公开工作存在的主要问题及改进情况，各级人民政府的政府信息公开工作年度报告还应当包括工作考核、社会评议和责任追究结果情况；（五）其他需要报告的事项。

在落实《中华人民共和国政府信息公开条例》的过程中，政务公开工作正朝着标准化和规范化的方向推进。2020年1月8日，《国务院办公厅关于全面推进基层政务公开标准化规范化工作的指导意见》（国办发〔2019〕54号）对政务公开标准化规范化工作提出了明确要求：到2023年，基本建成全国统一的基层政务公开标准体系，覆盖基层政府行政权力运行全过程和政务服务全流程，基层政务公开标准化规范化水平大幅提高，基层政府政务公开工作机制、公开平台、专业队伍进一步健全完善，政务公开的能力和水平显著提升。

《国务院办公厅关于全面推进基层政务公开标准化规范化工作的指导意见》明确要求，基层政府（包括县、不设区的市、市辖区人民政府和乡镇人民政府、街道办事处）要对照国务院部门制定的国土空间规划、重大建设项目、公共资源交易、财政预决算、安全生产、税收管理、征地补偿、国有土地上房屋征收、保障性住房、农村危房改造、环境保护、公共文化服务、公共法律服务、扶贫、救灾、食品药品监管、城市综合执法、就业创业、社会保险、社会救助、养老服务、户籍管理、涉农补贴、义务教育、医疗卫生、市政服务等26个试点领域标准指引，结合本级政府权责清单和公共服务事项清单，全面梳理细化相关领域政务公开事项，于2020年底前编制完成本级政务公开事项标准目录，实行政务过程和结果全公开。目录至少应包括公开事项的名称、内容、依据、时限、主体、方式、渠道、公开对象等要素。编制目录要因地制宜、实事求是，体现地区和领域特点，避免公开事项及标准“一刀切”。国务院部门要参照试点做法，结合本部门主要职责，确定涉及基层政务公开的其他领域，围绕公开什么、由谁公开、在哪公开、如何公开等内容，于2021年底前编制完成相关领域基层政务公开标准指引。同时，依据法律法规和本部门本系统职责变化情况，做好标准指引调整完善工作。国务院标准化主管部门要发挥专业优势，制定发布相关国家标准，指导基层政务公开标准指引的编制工作。省级政府要配合做好相关工作，督促指导基层政府抓好标准指引的落实。

《国务院办公厅关于全面推进基层政务公开标准化规范化工作的指导意见》提出，规范政务公开工作流程。基层政府要构建发布、解读、回应有序衔接的政务公开工作格局，优化政府信息管理、信息发布、解读回应、依申请公开、公众参与、监督考核等工作流程，并建立完善相关制度。探索将政务公开事项标准目录、标准规范嵌入部门业务系统，促进公开工作与其他业务工作融合发展。

《国务院办公厅关于全面推进基层政务公开标准化规范化工作的指导意见》要求，推进基层政务公开平台规范化。基层政府要加强政府信息资源的标准化、信息化管理，充分发挥政府门户网站、政务新媒体、政务公开栏等平台作用，更多运用信息化手段做好政务公开工作。县级政府门户网站作为政务公开第一平台，要集中发布本级政府及部门、乡镇（街道）应当主动公开的政府信息，开设统一的互动交流入口和在线办事入口，便利企业和群众。积极借助县级融媒体中心优势和渠道，扩大政府信息传播力和影响力。政务服务大厅、便民服务中心等场所要设立标识清楚、方便实用的政务公开专区，提供政府信息查询、信息公开申请、办事咨询答复等服务。

《国务院办公厅关于全面推进基层政务公开标准化规范化工作的指导意见》还提出，完善基层行政决策公众参与机制。基层政府要结合职责权限和本地实际，明确公众参与行政决策的事项范围和方式，并向社会公开。对涉及人民群众切身利益、需要社会广泛知晓的公共政策措施、公共建设项目，要采取座谈会、听证会、实地走访、向社会公开征求意见、问卷调查、民意调查等多种方式，充分听取公众意见，扩大公众参与度，提高决策透明度。对社会普遍关心的问题要进行解释说明，政策实施、项目推进中要及时回应公众关切。完善利益相关方、群众代表、专家、媒体等列席政府有关会议制度，增进人民群众对政府工作的认同和支持。

（三）勤政高效

《指导意见》明确要求，进一步优化行政流程，继续清理、削减和调整行政审批事项，推行网上服务、并联服务和服务质量公开承诺等措施，不断提高行政效率和水平。

在勤政高效方面，中央近年来大力推进“放管服”改革，积极构建以信用为基础的新型监管机制，努力打造“互联网 + 监管”系统、深入开展“互联网 + 政务服务”，极大地提高了行政效率和水平。

党的十八大以来，中央把推进“放管服”改革作为转变政府职能、深化行政体制改革的重要抓手，大力推进简政放权、放管结合、优化服务。

2018 年 6 月 28 日，国务院召开全国深化“放管服”改革转变政府职能电视电话会议。国务院总理李克强发表重要讲话指出，简政放权、放管结合、优化服务改革是一场刀刃向内的政府自身革命，是推动政府职能深刻转变、极大激发市场活力的战略举措。过去五年，在以习近平同志为核心的党中央坚强领导下，各级政府始终抓住“放管服”改革这个牛鼻子，对促进创业创新、稳增长保就业发挥了关键支撑作用，让企业和群众有了更多获得感，成为促进经济稳中向好的关键一招。未来五年，应对风险挑战、推动经济高质量发展、打造竞争新优势、满足人民对美好生活新期盼，必须以习近平新时代中国特色社会主义思想为指导，坚持新发展理念，进一步解放思想，尊重经济规律，持续深入推进“放管服”改革，最大限度减少政府对市场资源的直接配置和市场活动的直接干预，创新和完善事中事后监管，提高政府服务效能，打造国际一流、公平竞争的营商环境，更大激发市场活力、增强内生动力、释放内需潜力。

李克强指出，要以更实举措深化“放管服”改革。一是以简政放权放出活力和动力。五年内企业开办时间压缩到 5 个工作日内、工程建设项目全流程审批时间和进出口通关时间均压减一半，实行全国统一市场准入负面清单制度，进一步减税降费，通过优化营商环境带动有效投资增加。二是以创新监管管出公平和秩序。健全以“双随机、一公开”为基本手段、以重点监管为补充、以信用监管为基础的新型监管机制。推进跨部门联合监管和“互联网＋监管”。对新兴产业实施包容审慎监管。对涉及安全质量方面的要严格按规定监管。对刁难企业和群众、不作为乱作为的坚决问责。三是以优化服务服出便利和品质。持续开展减证便民行动。五年内不动产登记时间和电力用户办电时间均压缩三分之二以上。着力搭建平台、精准服务，为大众创业、万众创新营造良好生态。发展“互联网＋医疗”“互联网＋教育”等，提供公平可及的公共服务。打造全国一体化政务服务平台，三年内实现国务院部门数据共享、满足地方普遍性政务需求，五年内政务服务事项全面实现“一网通办”。

随着政府监管方式由“事前审批”向“事中事后监管”的转变，审批制度改革也就逐渐进入了“深水区”，加强事中事后监管越来越成为深化“放管服”改革和推进政府职能转变的关键环节。

《国务院关于加强和规范事中事后监管的指导意见》（国发〔2019〕18号）明确提出，以习近平新时代中国特色社会主义思想为指导，全面贯彻党的十九大和十九届二中、三中全会精神，牢固树立新发展理念，充分发挥市场在资源配置中的决定性作用，更好发挥政府作用，持续深化“放管服”改革，坚持放管结合、并重，把更多行政资源从事前审批转到加强事中事后监管上来，落实监管责任，健全监管规则，创新监管方式，加快构建权责明确、公平公正、公开透明、简约高效的事中事后监管体系，形成市场自律、政府监管、社会监督互为支撑的协同监管格局，切实管出公平、管出效率、管出活力，促进提高市场主体竞争力和市场效率，推动经济社会持续健康发展。

作为事中、事后监管的一个重要手段，“互联网＋监管”是大数据时代提升监管精准化、智能化水平的重要抓手。2018 年 10 月 22 日国务院常务会议提出，建设“互联网＋监管”系统，促进政府监管规范化、精准化、智能化。通过全面梳理形成监管事项目录清单，对地区部门的各类监管业务信息系统和数据加强整合归集，建立监管数据推送反馈机制和跨地区跨部门跨层级监管工作协同联动机制，实现“一处发现、多方联动、协同监管”，建立完善相应的协同联动机制，逐步形成纵向到底、横向到边的监管体系。

“互联网+监管”体系的建立，有效解决了当前各地监管系统建设存在的设计理念与监管服务实践不匹配、政府监管数据互联互通和外部数据共享程度较低、系统功能与事中、事后监管体系总体目标存在差距等问题。系统建设充分运用互联网、大数据等信息技术手段，联通各地区各部门监管系统，汇聚重点领域监管数据与第三方数据，为加强和创新“双随机、一公开”监管、重点监管、信用监管和综合监管、协同监管、智慧监管提供了强有力的平台支撑。

有了“互联网+监管”体系的支撑，国务院将“互联网+政务服务”作为深化“放管服”改革的关键环节，专门印发文件，作出全面部署。一些部门和地方积极探索，深入推进“互联网+政务服务”，加强信息共享，优化政务流程，一批堵点难点问题得到初步解决，服务创新典型不断涌现，引领政务服务创新改革不断取得新成效。

2016年9月29日，新华社授权播发的《关于加快推进“互联网+政务服务”工作的指导意见》明确提出，2020年底前，建成覆盖全国的整体联动、部门协同、省级统筹、一网办理的“互联网+政务服务”体系，大幅提升政务服务智慧化水平，让政府服务更聪明，让企业和群众办事更方便、更快捷、更有效率。

《关于加快推进“互联网+政务服务”工作的指导意见》从三个方面明确了推进“互联网+政务服务”的具体要求。

一是优化再造政务服务。各省（区、市）人民政府、国务院各部门要全面梳理编制政务服务事项目录，实行编码管理，逐步做到“同一事项、同一标准、同一编码”。优化网上申请、受理、审查、决定、送达等服务流程，凡是能实现网上办理的事项，不得强制要求到现场办理。加快推进政务服务事项网上办理，做到“应上尽上、全程在线”。创新网上服务模式，推动服务事项跨地区远程办理、跨层级联动办理、跨部门协同办理。全面公开与政务服务事项相关的服务信息，除办事指南明确的条件外，不得自行增加办事要求。建立公众参与机制，各级政府及其部门都要畅通互联网沟通渠道，及时回应社会关切，提升政府公信力和治理能力。

二是融合升级政务服务平台渠道。规范网上政务服务平台建设，依托政府门户网站，加快构建权威、便捷的一体化互联网政务服务平台。推进政府部门各业务系统与政务服务平台的互联互通，做到“单点登录、全网通办”。推进实体政务大厅与网上服务平台融合发展，实现线上线下办事无缝衔接、合一通办。推动基层服务网点与网上服务平台无缝对接，加快将网上政务服务向基层延伸，切实降低群众办事成本。

三是夯实政务服务支撑基础。整合构建统一的数据共享交换平台体系，推进政务信息共享。国务院各部门要加快整合面向公众服务的业务系统，尽快向各省（区、市）网上政务服务平台按需开放业务系统实时数据接口。分级分类推进新型智慧城市建设，打造透明高效的服务型政府。完善网络基础设施，加强网络和信息安全保护，切实加大对涉及国家秘密、商业秘密、个人隐私等重要数据的保护力度。

2018 年 6 月，国务院办公厅印发《进一步深化“互联网 + 政务服务”推进政务服务“一网、一门、一次”改革实施方案的通知》，就构建方便快捷、公平普惠、优质高效的网上政务服务体系进行部署。

（四）守信践诺

《指导意见》明确要求，将公平正义作为政务诚信的基本准则，在行政管理和公共服务的各领域贯彻公平正义原则。各级人民政府和公务员要清正廉洁，恪尽职守，敢于担当。要建立健全守信践诺机制，准确记录并客观评价各级人民政府和公务员对职权范围内行政事项以及行政服务质量承诺、期限承诺和保障承诺的履行情况。各级人民政府在债务融资、政府采购、招标投标等市场交易领域应诚实守信，严格履行各项约定义务，为全社会作出表率。

关于守信践诺机制，除了《指导意见》有明确要求外，《社会信用体系建设规划纲要（2014—2020年）》《中共中央　国务院关于完善产权保护制度依法保护产权的意见》等文件也都提出了明确要求，以河南、山东等省份为代表的地方出台相关制度时，也对守信践诺机制进行了创新。

2014年6月印发的《社会信用体系建设规划纲要（2014—2020年）》提出，加快政府守信践诺机制建设。严格履行政府向社会作出的承诺，把政务履约和守诺服务纳入政府绩效评价体系，把发展规划和政府工作报告关于经济社会发展目标落实情况以及为百姓办实事的践诺情况作为评价政府诚信水平的重要内容，推动各地区、各部门逐步建立健全政务和行政承诺考核制度。各级人民政府对依法作出的政策承诺和签订的各类合同要认真履约和兑现。要积极营造公平竞争、统一高效的市场环境，不得施行地方保护主义措施，如滥用行政权力封锁市场、包庇纵容行政区域内社会主体的违法违规和失信行为等。要支持统计部门依法统计、真实统计。政府举债要依法依规、规模适度、风险可控、程序透明。政府收支必须强化预算约束，提高透明度。加强和完善群众监督和舆论监督机制。完善政务诚信约束和问责机制。各级人民政府要自觉接受本级人大的法律监督和政协的民主监督。加大监察、审计等部门对行政行为的监督和审计力度。

2016年11月，《中共中央　国务院关于完善产权保护制度依法保护产权的意见》明确提出，完善政府守信践诺机制。大力推进法治政府和政务诚信建设，地方各级政府及有关部门要严格兑现向社会及行政相对人依法作出的政策承诺，认真履行在招商引资、政府与社会资本合作等活动中与投资主体依法签订的各类合同，不得以政府换届、领导人员更替等理由违约毁约，因违约毁约侵犯合法权益的，要承担法律和经济责任。因国家利益、公共利益或者其他法定事由需要改变政府承诺和合同约定的，要严格依照法定权限和程序进行，并对企业和投资人因此而受到的财产损失依法予以补偿。对因政府违约等导致企业和公民财产权受到损害等情形，进一步完善赔偿、投诉和救济机制，畅通投诉和救济渠道。将政务履约和守诺服务纳入政府绩效评价体系，建立政务失信记录，建立健全政府失信责任追究制度及责任倒查机制，加大对政务失信行为惩戒力度。

《河南省加强政务诚信建设实施方案》（豫政〔2017〕21号）提出，建立政府守信践诺制度。探索建立政务信用承诺制度，推动政府部门及公务员对职权范围内行政事项以及行政服务质量、期限和保障等依法依规向社会公开承诺，对承诺履行情况进行准确记录并纳入政府部门及公务员诚信档案。将各级政府部门工作计划、任务目标的落实情况和为民办实事的践诺情况作为评价政务诚信水平的重要内容，纳入年度部门绩效考核和依法行政考核内容。将行政机关败诉情况（如败诉率、败诉原因等）、履行人民法院生效判决情况作为各级政府及其部门诚信水平考核的重要标准，对行政败诉案件中发现的失职渎职、不守承诺、朝令夕改、不履行人民法院生效判决等问题依法依规追究相应的行政责任和法律责任。探索建立由相关部门、专业机构等多方参与的政务失信违约事件协调处理机制，及时发现并解决企业、群众反映的政府失信违约问题，保护各类社会主体的合法权益。

《山东省人民政府关于加强政务诚信建设的实施意见》（鲁政发〔2018〕9号）提出，加快建立政府守信践诺机制。准确记录并客观评价各级政府、部门和公务员对职权范围内行政事项以及行政服务质量承诺、期限承诺和保障承诺的履行情况。探索建立政务诚信评价机制，把履约和守诺服务纳入政府绩效评价体系，把发展规划、年度计划和政府工作报告中的经济社会发展目标、政府合同履约和兑现、政府债务和预算等情况作为评价政府诚信的重要内容。建立公务员信用评价制度，依法依规将公务员个人事项报告、廉政记录、年度考核结果、相关违法违纪违约行为等信用记录作为干部考核、任用和评优评先的重要依据。

（五）失信惩戒

《指导意见》明确要求，加大对各级人民政府和公务员失信行为的惩处和曝光力度，追究责任，惩戒到人。对社会关注度高、人民群众反映强烈的政务失信易发多发领域进行重点治理。建立健全各级人民政府和公务员政务失信记录机制。加强社会各方对政务诚信的评价监督，形成多方监督的信用约束体系。对公务员在行政过程中懒政怠政，不遵守法律法规和相关制度，以权谋私、失职渎职等行为，特别是严重危害群众利益、有失公平公正、交易违约等行为，要加大查处力度，营造既“亲”又“清”的新型政商关系。

失信惩戒方面，各地在落实《指导意见》相关内容的基础上进行了创新，浙江和辽宁是其中的典型代表，我们不妨来看看。

《浙江省加强政务诚信建设的实施方案》（浙政办发〔2017〕75 号）提出，健全失信惩戒机制。对社会关注度高、人民群众反映强烈的政务失信易发多发领域进行重点治理，加大惩处和曝光力度。各级政府因政务失信对经济社会发展造成损失或导致不良社会影响的，要就失信情况作出书面说明并限期整改；取消相关政府部门参加各类荣誉评选资格，予以公开通报批评，并对负有主要责任的人员依法依规追究责任。对信用不达标的各级政府，要在改革试点、项目投资、社会管理等政策领域予以限制，并在绩效考核中作为重要参考。对公务员在行政过程中懒政怠政，不遵守法律法规和相关制度，以权谋私、失职渎职等行为，特别是严重危害群众利益、有失公平公正、交易违约等行为，加大查处力度，在任用、升迁、评优评先等方面予以限制和惩戒，并依法依规给予处分。

《辽宁省人民政府关于加强诚信政府建设的决定》（辽政发〔2019〕24 号）提出，严格信用失信责任追究。各级政府及其部门发生损害诚信政府建设行为的，有关机关应当根据规定及时给予相应处理，并取消当年评先评优资格，依法对主要责任人、分管负责人和其他相关责任人员给予处分。公务员因发生损害诚信政府建设行为受到责令限期整改、责令书面检查、公开道歉、通报批评、诫勉谈话、停职检查、调离工作岗位责任追究的，取消其当年评先评优资格；受到引咎辞职、责令辞职、免职责任追究的，年度考核评为不称职，1 年内不得重新担任与其原任职务相当的领导职务。

第三节　政务诚信监督体系

《指导意见》要求，探索构建广泛有效的政务诚信监督体系，一是建立政务诚信专项督导机制，二是建立横向政务诚信监督机制，三是建立社会监督和第三方机构评估机制。

（一）建立政务诚信专项督导机制

《指导意见》提出，上级人民政府要定期对下级人民政府进行政务诚信监督检查，实施政务诚信考核评价，考评结果作为对下级人民政府绩效考核的重要参考。

在建立政务诚信专项督导机制方面，以江苏省、上海市、广东省和浙江省等为代表的省市进行了积极探索，积累了丰富的经验。

《江苏省关于加强政务诚信建设的实施意见》（苏政发〔2018〕23号）提出，上级政府要对下级政府和本级政府部门进行政务诚信监督检查，实施政务诚信考核评价，重点将依法行政、政务公开、信用体系建设、“放管服”改革、环境保护、统计数据质量、劳动用工、社会保障、公共资源交易、安全生产、食品安全、社会诚信状况和人民群众满意度等工作纳入政务诚信考核内容，行政许可、行政处罚等信用信息公开和推进落实情况作为各级政府政务公开考核重要内容，考评结果作为政府绩效考核的重要参考。

《关于上海市加强政务诚信建设的实施意见》（沪府发〔2017〕92号）提出，建立政务诚信专项督导机制，市政府定期对各区、各部门进行政务诚信监督检查，实施政务诚信考核评价，考评结果作为对各区、各部门绩效考核和效能评估的重要参考，逐步纳入各级政府的年度工作报告。

《广东省加强政务系统诚信建设实施方案》（粤府〔2017〕140号）提出，省政府各部门要切实转变观念和工作方式方法，聚焦主业，谋大局、抓大事，切实履行好本部门职责，以上率下带动全省政务系统诚信建设；将政务履约、守诺服务以及信用体系建设重点工作落实情况等纳入政府机关绩效考核内容。上级人民政府每年要组织对下一级人民政府进行政务诚信监督检查，实施政务诚信考核评价，推动构建省、市、县三级政务诚信监督体系。

《浙江省加强政务诚信建设的实施方案》提出，上级政府要定期对下级政府进行政务诚信监督检查，实施政务诚信考核评价，考评结果作为对下级政府绩效考核的重要参考。建立政府公共信用评价体系。将政府依法行政、政务公开、勤政高效、守信践诺、履职成效情况纳入政府公共信用评价体系。对政府的公共信用状况实施分级管理。适时在浙江政务服务网、“信用浙江”网发布政府公共信用评价结果。

（二）建立横向政务诚信监督机制

《指导意见》提出，各级人民政府要依法接受同级人大及其常委会的监督，接受人民政协的民主监督，将办理和落实人大代表建议、政协委员提案的情况作为政务诚信建设的重要考量因素。

在建立横向政务诚信监督机制方面，江苏省、浙江省和广东省等地结合当地实际提出了具体举措，起到了很好的示范作用。

《江苏省关于加强政务诚信建设的实施意见》提出，各级政府和相关部门要自觉接受人大、政协、监察机关对政务诚信建设工作的监督，高度重视人大代表建议、政协委员提案的办理和落实，推进办理结果公开，并将办理结果公开情况作为政务公开的重要内容。有序引入第三方评估机制综合评定承办单位对人大代表建议的办理情况。各级政府部门要自觉接受同级审计、财政等部门对行政行为、财政财务收支的监督和审计，切实提高政务诚信水平，提升政府公信力，树立政府公开、公平、清廉的诚信形象。

《浙江省加强政务诚信建设的实施方案》提出，县级以上政府要依法接受同级人大及其常委会的监督，接受政协的民主监督，将办理和落实人大代表建议、政协提案的情况作为政务诚信建设的重要考量因素。各级政府对同级法院提出的司法建议，要认真研究、及时答复，并在工作中予以落实。

《广东省加强政务系统诚信建设实施方案》提出，自觉接受司法监督。各地各部门要带头严格履行司法判决，依法履行协助执行义务，协同推进解决执行难工作；支持人民法院依法受理行政案件，落实行政机关负责人出庭应诉工作规定，认真听取人民法院提出的司法建议；支持检察机关对在履行职责中发现行政机关违法行使职权或者不行使职权的行为进行监督以及通过“两法衔接”平台对行政执法行为开展法律监督。

（三）建立社会监督和第三方机构评估机制

《指导意见》提出，发挥社会舆论监督作用，畅通民意诉求渠道，对政务失信行为进行投诉举报。实施区域政务诚信大数据监测预警。支持信用服务机构、高校及科研院所等第三方机构对各地区各部门开展政务诚信评价评级并及时公布结果，加强社会监督。

在建立社会监督和第三方机构评估机制方面，广东省、江苏省、福建省等为代表的省份均做出了明确部署，江苏、青海、陕西等省份在实践中已经走在全国前列。

《广东省加强政务系统诚信建设实施方案》提出，完善社会监督机制。依法公开政务信息，建立行政机关违法失信行为投诉举报登记制度，健全“12345”政务服务平台与投诉举报平台，完善受理工作机制，畅通举报箱、电子信箱、热线电话等监督渠道。发挥报刊、广播、电视等传统媒体和互联网等新兴媒体的监督作用。建立政务诚信第三方机构评估机制。依托全省公共信用信息管理系统，探索通过政府购买服务方式委托第三方机构，运用大数据手段，整合政务失信记录，依据评价标准对各地区各部门的政务诚信进行评价评级和风险预警。支持第三方机构规范客观公正地开展评估工作，不得影响其评估工作的独立性，支持第三方机构及时公布政务诚信评价评级结果。

《江苏省关于加强政务诚信建设的实施意见》提出，发挥社会舆论监督作用，畅通民意诉求和投诉渠道。进一步完善作风建设内容，依靠社会各界群众代表，对政务诚信建设情况进行评议评价。采取政府购买服务的方式，引导和支持信用服务机构、高校及科研院所等第三方机构对各地区各部门政务诚信建设绩效开展综合评价评级。实施区域政务诚信大数据监测预警，加强社会监督。

《福建省加强政务诚信建设实施方案》（闽政〔2017〕40 号）提出，完善政府失信投诉举报机制，充分利用福建省 12345 便民服务平台，受理政务失信举报投诉；动员媒体等各界力量，发挥社会舆论监督作用，畅通民意诉求渠道。实施区域政务诚信大数据监测预警。支持信用服务机构、高校及科研院所等第三方机构对各地各部门开展政务诚信评价评级并及时公布社会评价结果，加强社会监督。探索通过政府购买服务的方式，委托第三方机构，充分运用大数据技术，依法采集、整理、监测、分析政府部门公共信用信息资源，以及群众举报投诉、媒体舆论信息、第三方政务诚信评价评级等社会信用信息资源，根据相关评价标准对各地各部门政务信用状况进行评估和预警。

实践中，江苏、青海、陕西等省份开展政务诚信第三方评估已经全国领先。2019 年 7 月，青海省社会信用体系建设领导小组办公室启动《青海省人民政府关于青海省加强政务诚信建设的实施意见》执行效力和贯彻落实情况检查评估工作；2020 年 3 月，江苏省社会信用体系建设领导小组办公室印发《关于公布 2019 年度各设区市和县级地区政务诚信评价结果的通知》；2020 年 4 月，陕西省社会信用体系建设联席会议办公室发布《关于开展 2019 年度政务诚信评价工作的通知》。

第四节 政务信用管理体系

《指导意见》要求，建立健全政务信用管理体系。一是加强公务员诚信教育，二是建立健全政务失信记录，三是健全守信激励与失信惩戒机制，四是健全信用权益保护和信用修复机制。

（一）加强公务员诚信教育

《指导意见》提出，以社会主义核心价值观为引领，深入开展公务员诚信、守法和道德教育，编制公务员诚信手册，将信用建设纳入公务员培训和领导干部进修课程，加强公务员信用知识学习，提升公务员信用意识。

加强公务员诚信教育方面，信用条款写入新修订的《公务员法》是最好的公务员诚信教育。2018 年 12 月 29 日第十三届全国人民代表大会常务委员会第七次会议修订的《中华人民共和国公务员法》第二十六条明确提出，被依法列为失信联合惩戒对象的人员不得录用为公务员。

此外，包括江苏、上海、辽宁等地在内的省份结合当地公务员建设实际，创新提出了加强公务员诚信教育的措施。

《江苏省关于加强政务诚信建设的实施意见》提出，以社会主义核心价值观为引领，深入开展公务员诚信、守法和道德教育，编制公务员诚信手册，弘扬诚信文化，普及诚信知识，将信用建设纳入公务员培训和领导干部进修课程，在党员干部理论培训、干部网上学习、新进公务员培训、党校轮训等培训中增加信用知识内容，围绕公务员诚信和职业道德，举办公务员大讲堂，切实加强公务员信用知识学习。组织开展公务员集体签名承诺、岗位诚信标兵推选及模范先进事迹巡回宣讲等诚信主题教育实践活动，提升公务员信用意识，切实增强公务员诚信行政的自觉性和主动性。

《关于上海市加强政务诚信建设的实施意见》提出，严把公务员进口关，有严重失信记录的不得进入公务员队伍。建立公务员诚信档案，作为职务晋升、表彰评优等的重要依据。加强公务员诚信宣传教育，组织开展信用知识学习，以社会主义核心价值观为引领，树立公务员诚信模范，开展公务员诚信、守法和道德专题教育培训，编制公务员诚信手册，将信用建设纳入公务员培训和领导干部进修课程。

《辽宁省人民政府关于加强诚信政府建设的决定》提出，建立公务员诚信教育制度。以社会主义核心价值观为引领，积极开展公务员诚信、守法和道德教育，将信用建设纳入公务员培训和领导干部进修课程，提升公务员信用意识。探索建立公务员诚信档案管理制度，依法依规将公务员个人有关事项报告、廉政记录、年度考核结果、相关违法违纪违约行为等信用信息纳入公务员诚信手册，将公务员诚信记录作为干部考核和奖惩的重要依据。

（二）建立健全政务失信记录

《指导意见》提出，将各级人民政府和公务员在履职过程中，因违法违规、失信违约被司法判决、行政处罚、纪律处分、问责处理等信息纳入政务失信记录。由各级社会信用体系建设牵头部门负责政务失信记录的采集和公开，将有关记录逐级归集至全国信用信息共享平台和各地方信用信息共享平台。同时，依托“信用中国”网站等依法依规逐步公开各级人民政府和公务员政务失信记录。

关于建立健全政务失信记录，从中央到地方都在积极探索，典型的经验是关于建立健全环境治理政务失信记录，以及江苏、广东和浙江等地的做法。

中共中央办公厅、国务院办公厅印发的《关于构建现代环境治理体系的指导意见》提出，健全环境治理信用体系，加强政务诚信建设。建立健全环境治理政务失信记录，将地方各级政府和公职人员在环境保护工作中因违法违规、失信违约被司法判决、行政处罚、纪律处分、问责处理等信息纳入政务失信记录，并归集至相关信用信息共享平台，依托“信用中国”网站等依法依规逐步公开。

《江苏省关于加强政务诚信建设的实施意见》提出，建立健全政务信用记录。各级政府要推动建立政府部门和公务员政务领域信用档案，并将相关信用信息纳入各级公共信用信息系统。各相关部门按照管理职责分工明确政务信用档案信息采集范围，政府及政府部门信用档案重点记录依法行政、政务公开、社会诚信状况和人民群众满意度等信息。各级政府部门负责记录并提供公务员政务领域信用信息。公务员政务领域信用档案重点记录公务员依法履职、诚信尽责、规范服务、表彰奖励、廉政记录、违法违纪违规等信用信息和年度考核结果等其他信息。要将各级政府和公务员在履职过程中，因违法违规、失信违约等被司法判决、行政处罚、纪律处分、问责处理的信息纳入政务失信记录；经认定符合容错纠错情形和条件的，可不纳入政务失信记录。在干部任用、管理、选拔方面，对个人有关事项报告的核实，因瞒报、漏报受到党纪政纪处分的，将处分情况纳入公务员政务领域信用档案。加强对公务员的日常管理考核、调职晋升、任职考察、评优评奖、表彰奖励、投诉举报、案件查处等各个环节的信用信息记录。

《广东省加强政务系统诚信建设实施方案》提出，健全政务失信记录。规范政务信用信息记录标准，完善政府和公务员政务失信记录机制，及时、规范、准确记录政府和公务员在履职过程中因违法违规、失信违约被司法判决、行政处罚、纪律处分、问责处理等信息，以及未守信践诺和行政审批事项网上全流程办理未达标等情况。通过“信用广东”网站，依法依规逐步公开各级人民政府和公务员政务失信记录，强化社会监督。按照国家统一部署建立公务员诚信档案，到2020年，公务员信用档案覆盖率达到100%。

《浙江省加强政务诚信建设的实施方案》提出，建立完善政务失信记录。全面建立政务信用承诺制度，各级政府和公务员要结合责任清单、权力清单、基本公共服务清单，在履职尽责、依法行政、优化服务等方面向社会公开作出信用承诺。准确记录并客观评价各级政府和公务员对职权范围内行政事项以及行政服务质量承诺、期限承诺、保障承诺的履行情况，以及对法院生效判决的履行情况。将各级政府和公务员在履职过程中，违背信用承诺，以及因违法违规、失信违约被行政处罚、纪律处分、问责处理和拒不履行法院生效法律判决等信息纳入政务失信记录，形成信用档案。依托浙江政务服务网、“信用浙江”网，依法依规逐步公开各级政府和公务员政务失信记录，并将相关信息报送至全国信用信息共享平台。

国家发展改革委办公厅关于扎实做好公务员录用、调任人选社会信用记录查询工作的通知

发改办财金〔2020〕552号

各省、自治区、直辖市、新疆生产建设兵团发展改革委，北京市经济和信息化局、河北省政务服务办、吉林省政务服务和数字化建设管理局、黑龙江省营商环境建设监督局，国家公共信用信息中心：

习近平总书记强调，要发挥政务诚信对其他社会主体诚信建设的重要表率和导向作用。新修订的《公务员法》以及《公务员录用规定》《公务员调任规定》（中组发〔2019〕21号）明确要求在公务员录用、调任考察过程中"应当查询社会信用记录""被依法列为失信联合惩戒对象的"人员不得录用、调任为公务员。为加强政务诚信建设，推动公务员录用、调任人选社会信用记录查询工作制度化、规范化，由国家公共信用信息中心会同各省级信用信息共享平台管理单位共同做好公务员录用、调任人选社会信用记录查询工作，为全国各级机关组织人事部门履行查询程序提供服务保障。现就有关事项通知如下：

一、深刻认识重要意义

查询公务员录用、调任人选社会信用记录既是贯彻落实《公务员法》以及《公务员录用规定》《公务员调任规定》等法律规范要求的具体举措，也是加强政务诚信建设、提升公务员队伍信用整体水平的关键手段，对信用信息管理和信息化基础设施建设提出了新的更高要求。国家公共信用信息中心和各省级信用信息共享平台管理单位要把思想进一步统一到党中央、国务院决策部署上来，高度重视，精心组织，强化责任意识和规则意识，以高度的政治责任感严格制度、严格责任、严格程序，严肃认真开展查询工作。

二、建立健全查询体系

（一）建成运行查询系统。由国家公共信用信息中心基于国家电子政务外网，依托全国信用信息共享平台开发“公务员录用、调任人选社会信用记录查询系统”（以下简称查询系统），供国家、省两级信用信息共享平台管理单位操作使用。

（二）规范查询系统查询权限。为确保信息核查权威统一，保障信息安全可靠，查询系统信息查询权限仅限国家、省两级，由国家公共信用信息中心向中央和国家机关提供服务，由各省级信用信息共享平台管理单位向省域内各级机关提供服务。

（三）梳理优化查询服务流程。按照全国统一的查询工作公文模板（附件1），由相关机关组织人事部门印制公文提出查询需求。经查询系统查询核实后，由提供查询服务的信用信息共享平台管理单位印制公文，经单位主要负责同志签发反馈查询结果，不得同时反馈查询结果以外的其他信用信息。

（四）建立查询结果复核机制。国家、省两级信用信息共享平台管理单位应当建立查询结果复核机制。查询结果为失信联合惩戒对象信息的，应严格进行二次复审、复核、复查，确保查询结果准确无误。

（五）提高查询结果反馈效率。国家、省两级信用信息共享平台管理单位从接到查询需求公文到反馈查询结果，一般应不超过3个工作日。遇有特殊情况需延期办理的，应提前与发起查询单位充分沟通。

三、从严加强安全管理

（六）强化信息系统安全保障。完善查询系统的用户管理、信息查询、模板输出、服务统计和系统留痕等功能，重点加强系统安全防护建设，健全网络安全体系和防护手段，加强数据安全和个人隐私信息保护。

（七）完善风险隐患防范机制。国家、省两级信用信息共享平台管理单位应全面梳理查询工作潜在的廉政风险点和安全隐患点，建立风险防范措施台账与紧急应对预案。研究制定内部管理要求，建立健全专人管理、分级授权、全程留痕、结果核对、抽查抽检等风险内控机制。

（八）健全岗位管理机制。国家、省两级信用信息共享平台管理单位应结合实际情况，设置专人专岗专机负责查询工作，优化查询流程，严格控制查询工作知悉经手范围，并将查询工作主要负责人和直接经办人所在岗位纳入高风险岗位廉政风险防控机制管理。探索建立经办人员定期轮换、随机抽取办理等制度。

（九）完善监督通报机制。国家发展改革委财金司对国家公共信用信息中心开展查询工作加强业务指导。国家公共信用信息中心加强对省级查询工作的监督、检查和通报。

四、全面提高服务水平

（十）建立查询工作沟通机制。国家、省两级信用信息共享平台管理单位应与同级公务员主管部门建立沟通机制，定期主动通报信息查询工作推进情况，并向其他机关组织人事部门提供电话咨询服务，全面做好信息查询服务支撑工作。

（十一）加强业务培训。国家、省两级信用信息共享平台管理单位应定期举办业务培训，确保所有经办人员熟练掌握各项内控要求和操作规程。

各省级信用信息共享平台管理单位应按上述要求组织开展好查询工作，并于7月31日前将《查询工作责任人联络表》（附件2）报送至国家公共信用信息中心。

附件：1. 查询工作公文模板

2. 查询工作责任人联络表

国家发展改革委办公厅

2020年7月17日

（中央和国家机关公务员录用、调任人选社会信用记录查询工作服务电话：010－68538371）

（三）健全守信激励与失信惩戒机制

《指导意见》提出，各级人民政府存在政务失信记录的，要根据失信行为对经济社会发展造成的损失情况和社会影响程度，对具体失信情况书面说明原因并限期加以整改，依规取消相关政府部门参加各类荣誉评选资格，予以公开通报批评，对造成政务失信行为的主要负责人依法依规追究责任。社会信用体系建设部际联席会议有关成员单位联合开展区域政务诚信状况评价，在改革试点、项目投资、社会管理等政策领域和绩效考核中应用政务诚信评价结果。对存在政务失信记录的公务员，按照相关规定采取限制评优评先等处理措施。

健全守信激励与失信惩戒机制方面，上海、江苏和广东等地按照《指导意见》要求结合当地实际情况的一些创新做法值得各地借鉴。

《关于上海市加强政务诚信建设的实施意见》提出，开展政务诚信联动奖惩，建立政务信用信息记录单位主动发起、联动奖惩实施单位主动响应和实施结果主动反馈的工作机制。各区、各部门存在政务失信记录的，要根据失信行为对经济社会发展造成的损失情况和社会影响程度，对具体失信情况书面说明原因并限期加以整改，依规取消相关政府部门参加各类荣誉评选资格，予以公开通报批评，对造成政务失信行为的主要负责人依法依规追究责任。依法依规率先在改革试点、项目投资、社会管理等政策领域和绩效考核中应用政务诚信评价结果。对存在政务失信记录的公务员，按照相关规定采取限制评优评先等处理措施。开展政务失信常态化专项治理工作，加强政府机构失信问题发现、预警、跟踪和整改全过程管理。

《江苏省关于加强政务诚信建设的实施意见》提出，明确公务员及政府机构的信用信息分类，对于诚信事迹突出并受到表彰奖励的公务员和政府机构予以守信激励。强化对失信政府部门和公务员的信用监管、约束和惩戒。各级政府及部门存在政务失信记录的，要根据失信行为对经济社会发展造成的损失情况和社会影响程度，对具体失信情况书面说明原因并限期加以整改，依规取消相关政府部门参加各类荣誉评选资格，予以公开通报批评，对造成政务失信行为的主要负责人依法依规追究责任。省社会信用体系建设领导小组成员单位联合开展区域政务诚信状况评价，在改革试点、项目投资、专项资金安排、评先评优、社会管理等政策领域、工作组织和绩效考核中应用政务诚信评价结果。完善公务员招录和考核考评制度，明确公务员失信行为具体情形及处理办法，将信用状况作为招录考察、考核任用和评优评先的重要依据。建立公务员晋升、履职等诚信承诺制度。

《广东省加强政务系统诚信建设实施方案》提出，建立健全失信整改和责任追究机制，实行失信情况报告制度，制定完善失信行为整改和失信责任追究的具体办法。依法依规取消对存在失信记录的政府部门参加各类荣誉评选的资格，并予以公开通报批评。探索开展区域政务诚信状况评价，推动评价结果在改革试点、项目投资、社会管理等政策领域和绩效考核中的应用。修订省公务员相关管理制度，补充和明确对公务员守信的激励措施和失信的惩戒措施，调整完善各类评优评先办法和各类推选推荐工作，将诚信记录和相关信用评价结果纳为考量因素。注重宣传报道守法诚信、服务优良的政府部门和公务员。

（四）健全信用权益保护和信用修复机制

《指导意见》提出，完善政务信用信息保护机制，按照法律法规规定采集各级人民政府和公务员政务失信记录。建立健全信用信息异议、投诉制度，探索扩展公务员失信记录信用修复渠道和方式。建立自我纠错、主动自新的关爱机制，公务员在政务失信行为发生后主动挽回损失、消除不良影响或者有效阻止危害结果发生的，可从轻或免予实施失信惩戒措施。

开展政务诚信建设，健全信用权益保护和信用修复机制至关重要。目前，包括广东、浙江、上海、辽宁、江苏等在内的省市进行了有益的探索，积累了一定的经验。这些做法还需要在实践中不断去验证和完善。

《广东省加强政务系统诚信建设实施方案》提出，依法保护政务信用信息，严格规范政务信用信息的记录、采集和使用。将公务员信用信息异议处理和投诉办理纳入公共信用信息相关管理办法，研究制订公务员信用修复办法，鼓励自我纠错、主动自新。

《浙江省加强政务诚信建设的实施方案》提出，建立健全信用信息异议、投诉制度，探索扩展公务员失信记录信用修复渠道和方式。建立自我纠错、主动自新的关爱机制，公务员在政务失信行为发生后主动挽回损失、消除不良影响或者有效阻止危害结果发生的，可从轻或免予实施失信惩戒措施。

《关于上海市加强政务诚信建设的实施意见》提出，完善政务信用信息保护机制，按照法律法规规定，采集各区、各部门和公务员政务失信记录。建立政务失信记录告知、异议和投诉制度，对符合免责和容错的行为，不作为政务失信记录。探索扩展公务员失信记录信用修复渠道和方式，建立自我纠错、主动自新的关爱机制，公务员在政务失信行为发生后主动挽回损失、消除不良影响或者有效阻止危害结果发生的，可从轻或免予实施失信惩戒措施。

《辽宁省人民政府关于加强诚信政府建设的决定》提出，严格依法依规采集政府及其有关部门和公务员的政务失信记录，制定信用信息异议、投诉流程，及时处理异议申请或者投诉，更正或者撤销错误信息。对在政务失信行为发生后主动挽回损失、消除不良影响或者有效阻止危害结果发生的，可以从轻或者免予实施失信联合惩戒措施。

《江苏省关于加强政务诚信建设的实施意见》提出，完善政务信用信息保护机制，按照法律法规规定采集各级政府和公务员政务失信记录。建立健全信用信息异议申诉制度，探索扩展信用修复渠道和方式。建立容错纠错的关爱机制，鼓励自我纠错、主动自新，各级政府和公务员在政务失信行为发生后主动挽回损失、消除不良影响或者有效阻止危害结果发生的，可从轻或免予惩戒。严格规范认定容错的程序，完善风险防范和纠错机制。

第五节 政务诚信建设重点领域和保障措施

（一）政务诚信建设重点领域

《指导意见》要求，加强重点领域政务诚信建设。一是加强政府采购领域政务诚信建设，二是加强政府和社会资本合作领域政务诚信建设，三是加强招标投标领域政务诚信建设，四是加强招商引资领域政务诚信建设，五是加强地方政府债务领域政务诚信建设，六是加强街道和乡镇政务诚信建设。

在加强政府采购领域政务诚信建设方面，《指导意见》要求，完善政府采购诚信体系，建立政府采购方面的政务诚信责任制，加强对采购人在项目履约验收环节信用情况的监督，依法处理采购人及有关责任人在政府采购活动中的违法违规失信行为。完善政府采购管理交易系统，提高政府采购活动透明度。

在加强政府和社会资本合作领域政务诚信建设方面，《指导意见》要求，强化政府有关部门责任，建立政府和社会资本合作失信违约记录。明确政府和社会资本合作项目政府方责任人及其在项目筹备、招标投标、政府采购、融资、实施等阶段的诚信职责，建立项目责任回溯机制，将项目守信履约情况与实施成效纳入项目政府方责任人信用记录。

在加强招标投标领域政务诚信建设方面，《指导意见》要求，建立招标投标信用评价指标和评价标准体系，探索推广和应用第三方信用报告制度。健全招标投标信用信息公开和共享制度，提高政务信息透明度，及时向社会公开各级人民政府掌握的有关招标代理机构资质信息、信用信息及动态监管信息等。

在加强招商引资领域政务诚信建设方面，《指导意见》要求，完善招商引资地方性法规规章等，严格依法依规出台优惠政策，避免恶性竞争。

规范地方人民政府招商引资行为，认真履行依法作出的政策承诺和签订的各类合同、协议，不得以政府换届、相关责任人更替等理由毁约。因国家利益、公共利益或其他法定事由需要改变政府承诺和合同约定的，要严格依照法定权限和程序进行，并对相关企业和投资人的财产损失依法予以补偿。

在加强地方政府债务领域政务诚信建设方面，《指导意见》要求，建立地方人民政府信用评级制度，促进政府举债依法依规、规模适度、风险可控和程序透明。强化地方政府债务预算约束，健全地方政府债务监管体系，建立地方政府债务风险评估和预警机制、应急处置机制以及责任追究机制。

在加强街道和乡镇政务诚信建设方面，《指导意见》要求，建立街道和乡镇公开承诺制度，加大街道和乡镇政务、财务等公开力度，确保就业、物业、就学、计生、养老、助残、扶贫、医保、住房、出行、停车、防火防盗、拥军优属、便民服务等公共服务和优惠政策有效落实到社会公众，并将各项工作守信践诺情况纳入街道和乡镇绩效考核体系。鼓励有条件的地区开展诚信街道和诚信乡镇创建活动。

（二）政务诚信建设保障措施

《指导意见》要求，健全保障措施。一是加强组织领导和工作协调，二是加快法规制度建设。

在加强组织领导和工作协调方面，《指导意见》要求，各地区各部门要切实加强对政务诚信建设工作的组织领导，按照职责分工，研究出台工作方案和实施办法，做好本地区本部门政务诚信建设工作。充分发挥社会信用体系建设部际联席会议作用，协调解决政务诚信建设中的重大问题，研究确定并推进政务诚信建设的各项措施，加强各地区各部门协作配合。

在加快法规制度建设方面，《指导意见》要求，逐步建立和完善政务诚信建设法规规范。鼓励有条件的地方出台政务诚信建设地方性法规。加快推进政务诚信管理制度建设，加强政务公开、行政审批制度改革、政府守信践诺机制、公务员诚信、政务诚信评价办法等制度建设。

《指导意见》强调，各地区各部门要加强领导，高度重视，狠抓落实，以政务诚信引领社会诚信，结合实际切实有效开展相关工作。国家发展改革委会同有关部门负责对本意见落实工作的统筹协调、跟踪了解、督促检查，确保各项工作平稳有序推进。

第六节　小结

本章在回顾政务诚信概念提出及历史演进历程的基础上，结合最新的顶层设计文件，提出了政务诚信建设的基本框架。

政务诚信这一概念明确提出是在 2006 年 10 月党的十六届六中全会上。2011 年 10 月，党的十七届六中全会通过的《中共中央关于深化文化体制改革推动社会主义文化大发展大繁荣若干重大问题的决定》进一步强调大力推进政务诚信建设。党的十八大报告指出，深入开展道德领域突出问题专项教育和治理，加强政务诚信、商务诚信、社会诚信和司法公信建设。2014 年 6 月，国务院出台的我国信用领域首部国家级专项规划《社会信用体系建设规划纲要（2014—2020 年）》将政务诚信摆在四大领域诚信建设的首要位置，政务诚信因此被认为是当代中国社会信用体系建设的“龙头”和“抓手”。2016 年 11 月 1 日，中央深改组第二十九次会议审议通过了《关于加强政务诚信建设的指导意见》，2016 年 12 月 22 日，国务院专门发文印发《关于加强政务诚信建设的指导意见》（国发〔2016〕76 号），从政务诚信的基本要求、政务诚信监督、政务诚信管理、重点领域政务诚信建设等方面对开展政务诚信工作进行部署，指明了政务诚信建设的基本方向和重点任务。

根据《指导意见》，政务诚信基本原则包括依法行政、政务公开、勤政高效、守信践诺以及失信惩戒等。《指导意见》要求，探索构建广泛有效的政务诚信监督体系，一是建立政务诚信专项督导机制，二是建立横向政务诚信监督机制，三是建立社会监督和第三方机构评估机制。

《指导意见》提出，建立健全政务信用管理体系。一是加强公务员诚信教育，二是建立健全政务失信记录，三是健全守信激励与失信惩戒机制，四是健全信用权益保护和信用修复机制。《指导意见》要求，加强重点领域政务诚信建设。一是加强政府采购领域政务诚信建设，二是加强政府和社会资本合作领域政务诚信建设，三是加强招标投标领域政务诚信建设，四是加强招商引资领域政务诚信建设，五是加强地方政府债务领域政务诚信建设，六是加强街道和乡镇政务诚信建设。

《指导意见》强调，健全保障措施。一是加强组织领导和工作协调，二是加快法规制度建设。

第四章　政务诚信建设成就及面临的挑战

党中央、国务院高度重视政务诚信建设。近年来，在政务诚信建设顶层设计文件引领下，我国政务诚信建设取得积极进展，突出表现在依法行政水平显著提高、狠抓政务公开阳光政府成效明显、勤政高效不断取得新突破、积极构建政务诚信监督体系，以及政务信用管理体系不断完善等方面。从过去一段时间看，政府公信力不断提升，政府尤其是中央政府获得了民众的普遍信任。然而，一些基层政府的政务失信状况也不容忽视，政务诚信建设也面临不少挑战。

第一节　政务诚信建设取得积极进展

自国务院《社会信用体系建设规划纲要（2014—2020 年）》印发以来，尤其是国务院《关于加强政务诚信建设的指导意见》印发以来，我国政务诚信建设取得积极进展，政府公信力不断提升，政府尤其是中央政府获得了民众的普遍信任。

2020 年 3 月 3 日，知名国际公关咨询公司爱德曼在布鲁塞尔举行“2020 信任峰会”并发布了“2020 信任晴雨表”报告，其对全世界 28 个主要经济体的 3.4 万名受访者进行的信任度调查结果显示，中国民众对本国政府信任度高达 90%，连续三年位列世界各主要经济体首位。排在第二位至第五位的分别是印度、沙特阿拉伯、阿联酋和印度尼西亚。相比之下，美国政府在本国民众中的信任度仅有 39%，远低于全球平均水平。如图 8 所示。

自 2005 年以来，《小康》杂志社连续 15 年发布的“中国信用小康指

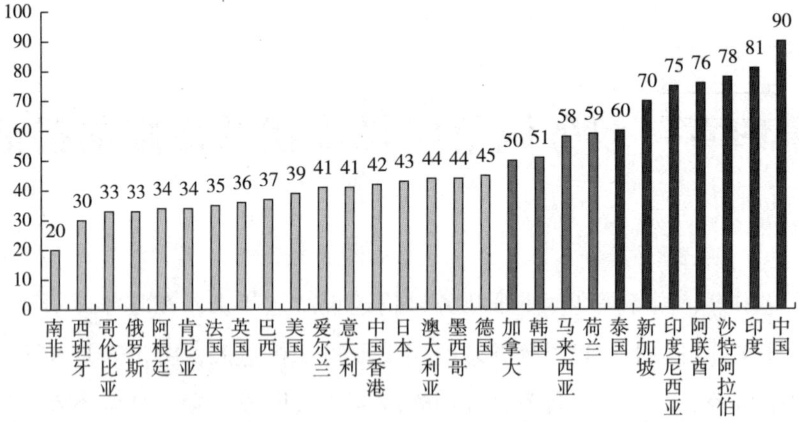

图 8　爱德曼“2020 信任晴雨表”

（资料来源：爱德曼官网）

数”，从政府公信力、人际信用、企业信用等三项指标来进行测评，权重分别为 40%、30% 和 30%。政府公信力指标数据显示，2005 年至 2019 年政府公信力指数依次为 60.5、60.5、60.6、61.5、62.2、63.0、65.0、67.8、70.1、74.1、77.8、81.1、83.7、89.2、93.8。由此可见，中国政府公信力呈逐步上升趋势，尤其是党的十八大之后，政府公信力提升明显，这表明中央政府获得了民众的普遍信任。如图 9 所示。

图 9　《小康》杂志社“中国信用小康指数”走势图

（资料来源：《小康》杂志社）

政务诚信建设取得积极进展的背后是中国扎实推进政务诚信建设的“硬核”举措，突出表现在依法行政水平显著提高、狠抓政务公开阳光政府成效明显、勤政高效不断取得新突破、积极构建政务诚信监督体系，以及政务诚信管理体系不断完善等方面。

（一）依法行政水平显著提高

2014 年 10 月 23 日中国共产党第十八届中央委员会第四次全体会议通过的《中共中央关于全面推进依法治国若干重大问题的决定》明确提出，深入推进依法行政，加快建设法治政府。法律的生命力在于实施，法律的权威也在于实施。各级政府必须坚持在党的领导下、在法治轨道上开展工作，创新执法体制，完善执法程序，推进综合执法，严格执法责任，建立权责统一、权威高效的依法行政体制，加快建设职能科学、权责法定、执法严明、公开公正、廉洁高效、守法诚信的法治政府。

《法治政府建设实施纲要（2015—2020 年）》提出，到 2020 年基本建成职能科学、权责法定、执法严明、公开公正、廉洁高效、守法诚信的法治政府。

随着《中共中央关于全面推进依法治国若干重大问题的决定》和《法治政府建设实施纲要（2015—2020 年）》的深入推进，越来越多政府活动纳入法治化轨道，各地方各部门法治思维水平和依法办事能力不断增强，政府依法行政水平显著提高，政府履职法治化水平不断提升。突出表现在以下几个方面：

一是法治政府建设推进机制不断完善。中国共产党党内法规《法治政府建设与责任落实督察工作规定》和中央依法治国委文件《关于开展法治政府建设示范创建活动的意见》颁布实施，在中央层面建立起了督察和示范创建“两手抓”的工作机制。督察重在压实主体责任，自上而下传导外部压力；示范创建重在树立标杆，自下而上激发内生动力，共同形成推进法治政府建设的有效合力。

二是坚持立改废释并举，推动完善依法行政制度体系。以 2019 年为例，司法部共完成法律、行政法规起草审查项目 56 件，包括法律类项目

17件，行政法规类项39件。围绕打好三大攻坚战，完成固体废物污染环境防治法（修订）草案、外资银行管理条例（修订）等审查工作；围绕推动经济高质量发展，完成外商投资法实施条例、政府投资条例、国家科学技术奖励条例（修订）等审查工作；围绕提高保障和改善民生水平，完成保障农民工工资支付条例、食品安全法实施条例（修订）等审查工作；围绕有效维护国家安全，完成密码法草案、人类遗传资源管理条例等审查工作。此外，完成国际条约协定审核项目13件。积极开展法律法规专项清理工作。围绕机构改革、政府职能转变和“放管服”改革等重要改革任务，推动修改49部行政法规；围绕营造市场化、法治化、国际化营商环境，推动修改8部法律、4部行政法规；围绕深入推进“互联网+政务服务”，推动修改6部行政法规。

三是重大行政决策制度逐步完善。2019年4月20日，国务院总理李克强签署中华人民共和国第713号国务院令，公布《重大行政决策程序暂行条例》，自2019年9月1日起施行。该条例合理确定公众参与、专家论证、风险评估的适用条件，明确合法性审查和集体讨论决定的具体要求，提高重大行政决策科学化、民主化、法治化水平。

四是行政执法公示制度、执法全过程记录制度、重大执法决定法制审核制度（以下统称“行政执法三项制度”）全面推行。党中央、国务院高度重视推行“行政执法三项制度”工作。中央深改组确定2016年先开展试点工作，并列入当年重点改革任务。2017年1月，国务院办公厅印发试点工作方案，部署在全国范围内32个单位开展试点工作。经过一年多的试点，“行政执法三项制度”对规范执法程序、提升执法能力、强化执法监督发挥了重要作用，初步形成了一套可复制、可推广的经验。试点工作结束后，司法部及时总结试点经验，组织专门力量研究重点难点问题，通过不同方式广泛听取社会意见，在此基础上启动了《关于全面推行行政执法公示制度执法全过程记录制度重大执法决定法制审核制度的指导意见》的起草工作。2018年11月14日《关于全面推行行政执法公示制度执法全过程记录制度重大执法决定法制审核制度的指导意见》经习近平总书记主持的中央全面深化改革委员会第五次会议审议通过，国务院办公厅于2018年12月5日正式印发。其中：关于全面推行行政执法公示制度，针对行政执法信息公开不及时、不规范、不透明等问题，主要从强化事前公开、规范事中公示、加强事后公开等三个方面，对行政执法信息公示的主体、内容、形式、程序、职责等作出了明确规定。关于全面推行执法全过程记录制度，针对执法行为不严格、不文明及执法过程记录不全面、不标准等问题，主要从完善文字记录、规范音像记录、严格记录归档、发挥记录作用等四个方面，对行政执法文书基本格式标准，音像记录的定位、作用、要素、设备配置，依法归档保存执法档案，加强记录信息的调阅监督等作出规定。关于全面推行重大执法决定法制审核制度，针对法制审核机构不健全、审核力量不足、审核工作不规范等问题，主要从明确审核机构、审核范围、审核内容、审核责任等四个方面，对法制审核机构的确定、审核人员的配备、重大行政执法行为标准的界定、法制审核的内容和程序、相关人员的责任等作出规定。

五是行政规范性文件合法性审核机制全面推行。2018年12月，《国务院办公厅关于全面推行行政规范性文件合法性审核机制的指导意见》（国办发〔2018〕115号）正式印发，明确司法部对国务院规范性文件的合法性审核流程，明确将行政规范性文件合法性审核机制建设情况纳入法治政府建设督察内容，将行政规范性文件合法性审核工作纳入法治政府建设考评指标体系，对工作扎实、成效显著的予以表扬激励，对工作开展不力的及时督促整改，对工作中出现问题造成不良后果的依纪依法问责。

六是行政裁决制度逐步健全。2019年6月，中共中央办公厅、国务院办公厅印发《关于健全行政裁决制度加强行政裁决工作的意见》并发出通知，要求各地区各部门结合实际认真贯彻落实。根据该意见，行政裁决工作要按照坚持依法治国、依法执政、依法行政共同推进，坚持法治国家、法治政府、法治社会一体建设的要求，建立健全通过行政裁决化解矛盾纠纷的制度，逐步形成党委领导、政府负责、各职能部门为主体的行政裁决工作体制，为促进人民安居乐业、社会公平正义、国家长治久安提供有力保障。《意见》同时指出，要切实履行裁决职责，重点做好自然资源权属争议、知识产权侵权纠纷和补偿争议、政府采购活动争议等方面的行政裁决工作，更好地为经济社会发展服务。

七是行政复议和应诉工作不断加强，有力促进依法行政水平不断提升。2019 年，全国各级行政复议机关坚持复议为民宗旨，积极化解与群众切身利益密切相关的行政争议，共办结行政复议案件 21.1 万件。全年各级行政复议纠错率达 16.04%，其中国务院行政复议裁决纠错率达 26%。针对办案中发现的共性违法问题，各级行政复议机关共制发行政复议意见书 4319 份，防范了诉讼风险，提升了依法行政水平。

（二）狠抓政务公开阳光政府成效明显

党的十八大以来，党中央、国务院高度重视政务公开工作，各地区各部门采取有力措施，狠抓任务落实，政务公开工作的内容更加丰富，领域不断拓展，法制化和规范化水平进一步提高，取得明显成效。突出表现在以下几个方面：

一是政府信息公开工作年度报告按时规范发布。

2019 年 4 月 3 日，国务院总理李克强签署中华人民共和国第 711 号国务院令，公布修订后的《中华人民共和国政府信息公开条例》，自 2019 年 5 月 15 日起施行。该条例第三十一条明确，各级行政机关应当在每年 3 月 31 日前公布本行政机关的政府信息公开工作年度报告。第三十二条明确，政府信息公开工作年度报告应当包括下列内容：（一）行政机关主动公开政府信息的情况；（二）行政机关依申请公开政府信息和不予公开政府信息的情况；（三）政府信息公开的收费及减免情况；（四）因政府信息公开申请行政复议、提起行政诉讼的情况；（五）政府信息公开工作存在的主要问题及改进情况；（六）其他需要报告的事项。

从目前实际情况看，全国 31 个省（区、市）政府信息公开工作年度报告均按时规范发布，中国政府网开设专栏，公示 31 个省（区、市）政府信息公开工作年度报告，地址为：http://www.gov.cn/zhengce/xxgk/ndbg.htm。

二是政府信息公开指南日渐规范并实现实时更新。

为更好地提供政府信息公开服务，便于公民、法人或者其他组织依法获取政府信息，各级政府根据《中华人民共和国政府信息公开条例》，编制了政府信息公开指南并实时更新。如：国务院办公厅政府信息公开指南如下。

国务院办公厅政府信息公开指南（试行）

为更好地向公民、法人或其他组织提供政府信息，充分发挥政府信息对人民群众生产、生活和经济活动的服务作用，提高政府工作的透明度，根据《中华人民共和国政府信息公开条例》（以下简称《条例》）规定，制定本指南。

一、政府信息公开范围

国务院办公厅公开政府信息的范围，主要是涉及群众切身利益、需要群众广泛知晓或参与的事项，以及法律和国务院规定需要公开的其他事项。涉及国家秘密或公开后可能危及国家安全、公共安全、经济安全和社会稳定的政府信息，不属于公开范围。

二、政府信息公开方式

（一）国务院公报。

《国务院公报》由国务院办公厅编辑出版，向国内外公开发行。主要刊载：国务院公布的行政法规和规范性文件；国务院批准的有关机构调整、行政区划变动和人事任免的决定；国务院各部门公布的部分部门规章和规范性文件；国务院领导同志批准登载的其他重要文件。《国务院公报》每月逢十出版，全年36期；年度合订本每年2月份出版发行（上一年度）。公众可到当地邮局订阅。

（二）中国政府网。

中国政府网（www. gov. cn）是国务院和国务院各部门及各省（区、市）人民政府在国际互联网上发布政府信息和提供在线服务的综合平台。国务院办公厅在中国政府网开设政府信息公开专栏，公众可随时检索、查阅。具体方法：

1. 目录导航：将公开的政府信息划分为22个类别。点击其中某一个，可显示相关信息列表；点击列表中的条目名称，可显示该信息的详细内容。

2. 简单搜索：在信息搜索框输入关键词后，点击搜索按钮，可显示含有该关键词的信息列表；根据下拉菜单中的提示项，选择一个或两个限定条件，可以在关键词搜索的基础上缩小查阅范围。如需进一步缩小查阅范围，可使用“在结果中搜索”的功能，即在前次搜索的基础上，再根据需要选择不同条件进行检索。

3. 高级搜索：设有文件名称、发文机关、发文日期、文种文号、全文、主题分类、索引号七种搜索条件，可选择其中一个或多个条件进行检索。如：选择发文机关为“国务院”，即可搜索到国务院公开的全部文件；选择发文日期、文种文号、主题分类等多个条件，可搜索到满足上述条件的文件。

政府信息公开专栏首页还设有“目录下载”按钮。点击该按钮，可下载国务院办公厅按年度编排的政府信息公开目录。

三、其他

按照《条例》规定，公共图书馆、国家档案馆设有政府信息查阅场所。公众可到所在地公共图书馆或国家档案馆，查阅《国务院公报》或浏览中国政府网的政府信息公开专栏。

三是政府信息公开目录实现方便快捷查询。

为了方便群众查询办事，规范政府信息服务，各级人民政府及县级以上人民政府各部门按照严格依法、真实有效、及时便民的原则，采取科学的编制方式，将政府信息集中管理和发布的政府信息库形成政府信息公开目录，目前各级政府信息公开目录可以在政府网站很方便快捷地进行查询。

以中国政府网为例，其政府信息公开目录如表6所示。

表 6　中国政府网政府信息公开目录

序号	标题	发文字号	成文日期	发布日期
1	国务院办公厅关于印发国家政务信息化项目建设管理办法的通知	国办发〔2019〕57 号	2019 年 12 月 30 日	2020 年 1 月 21 日
2	国务院办公厅关于全面推进基层政务公开标准化规范化工作的指导意见	国办发〔2019〕54 号	2019 年 12 月 26 日	2020 年 1 月 8 日
3	国务院办公厅关于建立政务服务“好差评”制度提高政务服务水平的意见	国办发〔2019〕51 号	2019 年 12 月 3 日	2019 年 12 月 17 日
4	国务院办公厅政府信息与政务公开办公室关于规范政府信息公开平台有关事项的通知	国办公开办函〔2019〕61 号	2019 年 11 月 29 日	2019 年 12 月 3 日
5	国务院办公厅政府信息与政务公开办公室关于政府信息公开工作年度报告有关事项的通知	国办公开办函〔2019〕60 号	2019 年 11 月 23 日	2019 年 11 月 26 日
6	国务院办公厅关于印发 2019 年政务公开工作要点的通知	国办发〔2019〕14 号	2019 年 4 月 17 日	2019 年 4 月 29 日
7	中华人民共和国政府信息公开条例	国令第 711 号	2019 年 4 月 3 日	2019 年 4 月 15 日
8	国务院办公厅秘书局关于印发政府网站与政务新媒体检查指标、监管工作年度考核指标的通知		2019 年 4 月 1 日	2019 年 4 月 18 日
9	国务院办公厅关于推进政务新媒体健康有序发展的意见	国办发〔2018〕123 号	2018 年 12 月 7 日	2018 年 12 月 27 日
10	国务院办公厅关于全面推行行政执法公示制度执法全过程记录制度重大执法决定法制审核制度的指导意见	国办发〔2018〕118 号	2018 年 12 月 5 日	2019 年 1 月 3 日
11	国务院办公厅关于印发《政府网站集约化试点工作方案》的通知	国办函〔2018〕71 号	2018 年 10 月 27 日	2018 年 11 月 9 日
12	国务院办公厅关于加强政府网站域名管理的通知	国办函〔2018〕55 号	2018 年 8 月 25 日	2018 年 9 月 6 日
13	2018 年第二季度全国政府网站抽查情况通报		2018 年 7 月 24 日	2018 年 8 月 6 日
14	2018 年第一季度全国政府网站抽查情况通报		2018 年 4 月 28 日	2018 年 5 月 16 日
15	国务院办公厅关于印发 2018 年政务公开工作要点的通知	国办发〔2018〕23 号	2018 年 4 月 8 日	2018 年 4 月 24 日

续表

序号	标题	发文字号	成文日期	发布日期
16	国务院办公厅关于做好政府公报工作的通知	国办发〔2018〕22 号	2018 年 3 月 28 日	2018 年 4 月 18 日
17	国务院办公厅关于推进社会公益事业建设领域政府信息公开的意见	国办发〔2018〕10 号	2018 年 2 月 9 日	2018 年 2 月 26 日
18	2017 年第四季度全国政府网站抽查情况通报		2018 年 1 月 26 日	2018 年 2 月 7 日
19	国务院办公厅关于做好政府网站年度报表发布工作的通知	国办函〔2018〕12 号	2018 年 1 月 15 日	2018 年 1 月 22 日
20	国务院办公厅关于推进公共资源配置领域政府信息公开的意见	国办发〔2017〕97 号	2017 年 12 月 19 日	2017 年 12 月 28 日
21	国务院办公厅关于推进重大建设项目批准和实施领域政府信息公开的意见	国办发〔2017〕94 号	2017 年 12 月 4 日	2017 年 12 月 15 日
22	2017 年第三季度全国政府网站抽查情况通报		2017 年 11 月 18 日	2017 年 11 月 30 日
23	国务院办公厅关于全国互联网政务服务平台检查情况的通报	国办函〔2017〕115 号	2017 年 10 月 6 日	2017 年 11 月 3 日
24	2017 年第二季度全国政府网站抽查情况通报		2017 年 7 月 25 日	2017 年 8 月 4 日
25	国务院办公厅关于印发政府网站发展指引的通知	国办发〔2017〕47 号	2017 年 5 月 15 日	2017 年 6 月 8 日
26	2017 年第一季度全国政府网站抽查情况的通报		2017 年 5 月 11 日	2017 年 5 月 24 日
27	国务院办公厅关于印发开展基层政务公开标准化规范化试点工作方案的通知	国办发〔2017〕42 号	2017 年 5 月 9 日	2017 年 5 月 22 日
28	国务院办公厅关于印发 2017 年政务公开工作要点的通知	国办发〔2017〕24 号	2017 年 3 月 9 日	2017 年 3 月 23 日
29	国务院办公厅关于调整全国政务公开领导小组的通知	国办发〔2017〕18 号	2017 年 2 月 9 日	2017 年 2 月 17 日
30	国务院办公厅关于开展全国政务服务体系普查的通知	国办函〔2017〕17 号	2017 年 2 月 7 日	2017 年 2 月 22 日
31	关于 2016 年第四次全国政府网站抽查情况的通报		2017 年 1 月 20 日	2017 年 2 月 7 日
32	国务院办公厅印发《关于全面推进政务公开工作的意见》实施细则的通知	国办发〔2016〕80 号	2016 年 11 月 10 日	2016 年 11 月 15 日
33	2016 年第三次全国政府网站抽查情况的通报		2016 年 11 月 2 日	2016 年 11 月 17 日

续表

序号	标题	发文字号	成文日期	发布日期
34	国务院关于加快推进“互联网＋政务服务”工作的指导意见	国发〔2016〕55号	2016年9月25日	2016年9月29日
35	国务院关于印发政务信息资源共享管理暂行办法的通知	国发〔2016〕51号	2016年9月5日	2016年9月19日
36	国务院办公厅关于在政务公开工作中进一步做好政务舆情回应的通知	国办发〔2016〕61号	2016年7月30日	2016年8月12日
37	国务院办公厅关于2016年第二次全国政府网站抽查情况的通报	国办函〔2016〕68号	2016年7月18日	2016年7月25日
38	国务院办公厅关于转发国家发展改革委等部门推进“互联网＋政务服务”开展信息惠民试点实施方案的通知	国办发〔2016〕23号	2016年4月14日	2016年4月26日
39	国务院办公厅关于印发2016年政务公开工作要点的通知	国办发〔2016〕19号	2016年4月2日	2016年4月18日
40	国务院办公厅关于第一次全国政府网站普查情况的通报	国办函〔2015〕144号	2015年12月4日	2015年12月15日
41	国务院办公厅关于印发2015年政府信息公开工作要点的通知	国办发〔2015〕22号	2015年4月3日	2015年4月21日
42	国务院办公厅关于开展第一次全国政府网站普查的通知	国办发〔2015〕15号	2015年3月11日	2015年3月24日
43	国务院办公厅关于加强政府网站信息内容建设的意见	国办发〔2014〕57号	2014年11月17日	2014年12月1日
44	国务院办公厅关于做好全国人大代表建议和全国政协委员提案办理结果公开工作的通知	国办发〔2014〕46号	2014年10月2日	2014年10月17日
45	企业信息公示暂行条例	国令第654号	2014年8月7日	2014年8月23日
46	国务院办公厅关于加强和规范政府信息公开情况统计报送工作的通知	国办发〔2014〕32号	2014年6月23日	2014年7月4日
47	国务院办公厅关于印发2014年政府信息公开工作要点的通知	国办发〔2014〕12号	2014年3月17日	2014年4月1日
48	国务院办公厅关于进一步加强政府信息公开回应社会关切提升政府公信力的意见	国办发〔2013〕100号	2013年10月1日	2013年10月18日
49	国务院办公厅关于印发当前政府信息公开重点工作安排的通知	国办发〔2013〕73号	2013年7月1日	2013年7月10日

资料来源：中国政府网。

（三）勤政高效不断取得新突破

党的十八大以来，我国深入推进“放管服”改革，加快政府职能转变，极大激发了市场活力和社会创造力，促进了经济社会发展，取得了多方面成效，呈现出新特点。

统计数据显示，2013 年至 2017 年五年间，国务院部门行政审批事项削减 44%，非行政许可审批彻底终结，中央政府层面核准的企业投资项目减少 90%，行政审批中介服务事项压减 74%，职业资格许可和认定大幅减少。中央政府定价项目缩减 80%，地方政府定价项目缩减 50% 以上。全面改革工商登记、注册资本等商事制度，企业开办时间缩短三分之一以上……如图 10 所示。

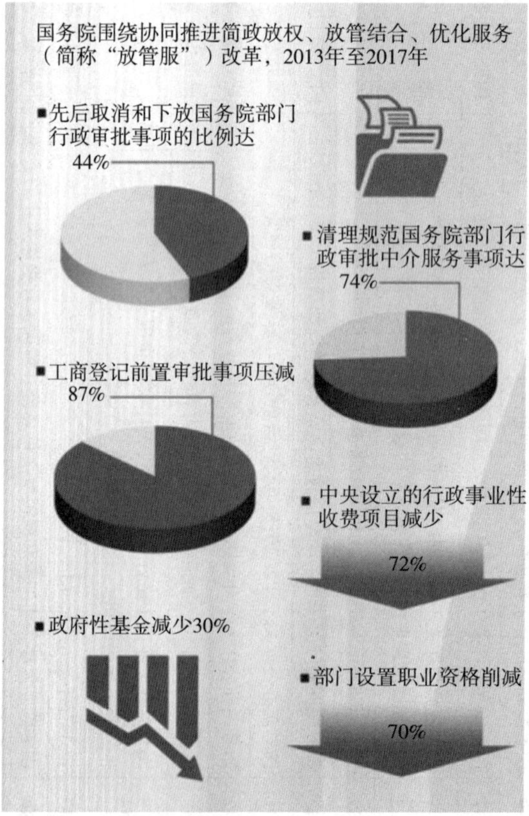

图 10　2013—2017 年五年间“放管服”改革成效

（资料来源：人民网）

党的十九大报告从我国发展进入新时代的历史方位出发，对深化行政体制改革、转变政府职能作出重要部署，强调要“深化简政放权，创新监管方式，增强政府公信力和执行力，建设人民满意的服务型政府”。

党的十九大以来，国务院继续将深化“放管服”改革作为贯彻落实十九大精神的具体举措，多次召开会议专题研究。2017 年 10 月 30 日召开的国务院常务会议提出，要营造有利于工业互联网蓬勃发展的环境，深化简政放权、放管结合、优化服务改革，放宽融合性产品和服务准入限制，扩大市场主体平等进入范围，实施包容审慎监管。2017 年 11 月 22 日召开的国务院常务会议决定，进一步清理规范涉企经营服务性收费，持续为企业减轻负担。2017 年 12 月 6 日召开的国务院常务会议部署，加快推进政务信息系统整合共享，以高效便捷的政务服务增进群众获得感。2018 年 1 月 3 日召开的国务院常务会议部署，进一步优化营商环境，持续激发市场活力和社会创造力。2018 年 1 月 17 日召开的国务院常务会议决定，扩大“证照分离”改革试点事项、探索形成可复制经验，进一步改善营商环境。2018 年 6 月 28 日和 2019 年 6 月 25 日，国务院先后两次召开全国深化“放管服”改革优化营商环境电视电话会议，对深化“放管服”改革作出部署。2019 年 8 月 28 日召开的国务院常务会议部署，深化放管结合加强事中、事后监管，促进公平竞争提升市场效率；会议决定再取消一批工业产品生产许可证，更大释放市场主体创新创造活力。2020 年 3 月 17 日召开的国务院常务会议强调，深化“放管服”改革。清理取消不合时宜的临时管制措施和不合理的证明、收费等规定。各项助企纾困政策落实要简化手续，政府涉企事项尽可能网上办理，尽快让企业特别是小微企业和个体工商户普遍受益。

（四） 积极构建政务诚信监督体系

近年来，以陕西、江苏和青海等地为代表的省份，积极探索构建政务诚信监督体系，从建立第三方评估机制入手寻求突破，取得积极进展。

2017 年 12 月 26 日，陕西省发展和改革委员会印发的《陕西省政务诚信评价办法（试行）》（陕发改财金函〔2017〕2133 号）明确提出，县级以上地方人民政府应当建立政务诚信专项督导机制，每年对本级政府工作部门、直属机构和下级人民政府开展政务诚信评价，在改革试点、项目投资、社会管理等政策领域和绩效考核中应用政务诚信评价结果。政务诚信评价工作由各级人民政府社会信用体系建设主管部门负责，委托社会信用服务机构、高等院校、科研院所等第三方机构具体实施。从 2019 年开始，每年开展上一年度政务诚信评价。

2020 年 3 月 16 日，江苏省社会信用体系建设领导小组办公室印发通知，公布 2019 年度各设区市和县级地区政务诚信评价结果。其中：设区市一等次的城市为苏州、南京、宿迁和无锡；二等次的城市为常州、扬州、南通、徐州和淮安；三等次的城市为连云港、镇江、泰州和盐城。

通知明确，根据江苏省委、省政府《江苏高质量发展考核指标与实施办法》政务诚信建设评价相关要求，江苏省信用办组织开展了 13 个设区市和 96 个县（市、区）2019 年度政务诚信建设情况综合评价，委托第三方机构对各地政务诚信建设情况进行了跟踪监测，经总结自评、现场考察、专家评分等综合评定，确定了 2019 年度各地政务诚信建设评价等次。

通知要求，2020 年是江苏省"十三五"社会信用体系建设规划收官之年，也是深入推进社会信用体系建设的关键之年，各地要按照江苏省委省政府有关要求，不断加强政务诚信建设，大力营造良好的营商环境，推动全省社会信用体系建设取得新的更大成效，为营造"诚信江苏"作出新的更大贡献。

2019 年 7 月，青海省社会信用体系建设领导小组办公室对《青海省人民政府关于青海省加强政务诚信建设的实施意见》执行效力和贯彻落实情况检查评估工作进行安排部署，并于 2019 年 7 月中旬开展评估工作。

评估采取第三方评估与自查评估相结合的方式进行，重点对各地区、各有关部门贯彻落实文件的具体措施和推进情况进行检查和印证，包括各地区、各部门在信用制度建设、工作机制建立和联合奖惩等诚信措施执行等方面所做的主要工作，取得的成效、存在的问题和不足。2019 年 10 月 9 日，《青海省政务诚信建设成效第三方评估报告》在北京通过专家评审。

（五）政务信用管理体系不断完善

国务院《关于加强政务诚信建设的指导意见》印发以来，全国各省结合各自实际，围绕加强公务员诚信教育、建立健全政务失信记录、健全守信激励与失信惩戒机制，以及健全信用权益保护和信用修复机制等方面，不断完善政务信用管理体系。到目前为止，通过公开资料可以查询到全国 28 个省（自治区、直辖市）加强政务诚信建设的顶层设计文件，对辖区内政务信用管理体系进行了精心部署，如表 7 所示。

表 7　　全国 28 个省份加强政务诚信建设顶层设计文件一览表

序号	省份	文件名称	出台日期	文号
1	黑龙江	黑龙江省政务诚信建设工作方案	2017 年 5 月 28 日	黑政发〔2017〕6 号
2	吉林	吉林省政务诚信建设实施方案	2017 年 11 月 15 日	吉政办发〔2017〕75 号
3	辽宁	辽宁省加强政务诚信建设的实施方案	2017 年 4 月 9 日	辽政发〔2017〕19 号
		辽宁省人民政府关于加强诚信政府建设的决定	2019 年 12 月 12 日	辽政发〔2019〕24 号
4	内蒙古	内蒙古自治区人民政府关于加强政务诚信建设的实施方案	2017 年 9 月 8 日	内政发〔2017〕123 号
5	天津	天津市加强政务诚信建设实施方案	2017 年 8 月 21 日	津政发〔2017〕29 号
6	河北	河北省人民政府关于加强政务诚信建设的实施意见	2017 年 7 月 17 日	冀政发〔2017〕10 号
7	山东	山东省人民政府关于加强政务诚信建设的实施意见	2018 年 3 月 8 日	鲁政发〔2018〕9 号
8	江苏	江苏省关于加强政务诚信建设的实施意见	2018 年 1 月 29 日	苏政发〔2018〕23 号

续表

序号	省份	文件名称	出台日期	文号
9	上海	关于本市加强政务诚信建设的实施意见	2017年12月20日	沪府发〔2017〕92号
10	浙江	浙江省加强政务诚信建设的实施方案	2017年7月21日	浙政办发〔2017〕75号
11	福建	福建省加强政务诚信建设实施方案	2017年9月27日	闽政〔2017〕40号
12	海南	海南省人民政府关于加强政务诚信建设的实施意见	2017年7月4日	琼府〔2017〕60号
13	广东	广东省加强政务系统诚信建设实施方案	2017年12月29日	粤府〔2017〕140号
14	广西	广西加强政务诚信建设的实施方案	2018年1月5日	桂政发〔2018〕3号
15	云南	云南省人民政府关于加强政务诚信建设的实施办法	2017年10月14日	云政发〔2017〕66号
16	四川	四川省人民政府关于加强政务诚信建设的实施意见	2018年2月11日	川府发〔2018〕7号
17	贵州	贵州省人民政府关于加强政务诚信建设的实施意见	2017年8月21日	黔府发〔2017〕22号
18	湖北	湖北省人民政府关于加强政务诚信建设的实施意见	2017年7月8日	鄂政发〔2017〕33号
19	湖南	湖南省人民政府关于加强政务诚信建设的实施方案	2018年6月26日	湘政发〔2018〕18号
20	江西	江西省加强政务诚信建设的实施方案	2017年12月11日	赣府字〔2017〕94号
21	河南	河南省加强政务诚信建设实施方案	2017年6月9日	豫政〔2017〕21号
22	山西	山西省人民政府关于加强政务诚信建设的实施意见	2018年3月12日	晋政发〔2018〕10号
23	陕西	陕西省政务诚信建设重点任务分工	2017年10月13日	陕发改财金〔2017〕1412号
		陕西省政务诚信评价办法（试行）	2017年12月26日	陕发改财金函〔2017〕2133号

续表

序号	省份	文件名称	出台日期	文号
24	青海	青海省人民政府关于青海省加强政务诚信建设的实施意见	2017年8月1日	青政〔2017〕47号
25	甘肃	甘肃省人民政府关于加强政务诚信建设的实施方案	2017年6月28日	甘政发〔2017〕48号
26	新疆	新疆维吾尔自治区加强政务诚信建设工作方案	2018年1月18日	新政发〔2018〕2号
27	宁夏	宁夏回族自治区人民政府办公厅关于加强政务诚信建设有关工作的通知	2018年7月16日	宁政办发〔2018〕75号
28	安徽	安徽省加强政务诚信建设实施方案	2017年8月4日	皖政〔2017〕109号

资料来源：根据公开资料整理。

第二节　政务失信现状及政务诚信建设面临的挑战

政务诚信在加强社会信用体系建设中具有“领头羊”作用，尽管政务诚信建设已取得积极进展，然而政务失信状况也不容忽视。当前，政务诚信建设工作中也面临不少挑战。概括来说，政务诚信建设面临四大挑战：一是新官不理旧账；二是村委会难监管，仍以2017年政务诚信案例来分析；三是隐性失信难于规范；四是互联网快速发展增加了政务诚信建设的难度。

（一）一些基层政务失信状况触目惊心

2017年4月有媒体曝光：全国490多个地方政府进入了“老赖”名单。某个县级政府被法院列为失信被执行人，县政府3.24亿元资产被冻结，县政府领导乘坐飞机、高铁等交通工具受到影响。经国家发展改革委等有关部门调查，各级地方政府及相关部门、事业单位和居民委员会、村民委员会等基层自治组织被列入“失信被执行人名单”的共5006家，远超被曝光的数量。

对此，国家发改委、最高法等部门根据国务院关于政务诚信建设的要求，开展了政府机构失信问题专项治理，对未在规定时限内履行法定义务的政府机构，自2017年7月1日起，国家采取约谈相关负责人、限制发放贷款、降低城市信用、纳入政务失信记录等惩戒措施。

2017年7月28日，国务院常务会议决定，开展政务失信专项治理，各地要严格兑现合法合规的政策承诺，对拒不履行承诺、严重损害企业合法权益的要依法依规追责。

2017年11月30日，在国家发展改革委召开的“省区市社会信用体系座谈会”上，国家发展改革委副主任连维良透露，被列入失信被执行人的各级地方政府整改率达到99.68%，政务失信专项治理基本清零。

2018年11月15日，国家发展改革委宏观经济运行情况发布会上，新闻发言人孟玮介绍，政务诚信建设是社会信用体系建设的重要组成部分，同时也是优化营商环境的重要内容。2017年以来，国家发展改革委会同有关部门开展政府机构失信问题专项治理，坚决纠正一些地方政府不守信用承诺、新官不理旧账等现象。对法院失信被执行人名单中的失信政府机构，重点采取了3方面惩戒措施。第一是约谈，就是约谈失信政府机构主要负责人，以及其所在地区省级社会信用体系建设牵头部门的主要负责人，明确整改要求，压实整改责任。第二是通报，就是将失信政府机构的相关信息通报各商业银行，建议银行密切关注相关地区的信用风险，加强风险防控措施，审慎发放贷款。第三是降级，就是将政府失信纳入城市信用监测评估指标体系，根据政府机构失信的严重程度，降低所在城市的信用排名。在各方面的共同努力下，政务失信专项治理工作取得了积极进展，共清理拖欠资金33.1亿元。

（二）政务诚信建设面临四大挑战

当前，政务诚信建设工作也面临不少挑战。概括来说，政务诚信建设面临四大挑战：

一是新官不理旧账。以2017年政务失信案例来说，整改的绝大多数政务失信案件都属于历史遗留问题，有些案件持续长达15年以上，利息、滞纳金等金额过高，超过本金数倍，偿还压力大，且主管领导多次更换，新领导普遍抵触情绪较大，不愿接手。

二是村委会难监管。仍以2017年政务失信案例来分析，“老赖”政府多数为县乡级以下政府及其部门或基层自治组织，有相当一部分都是村委会。村委会虽然不是吃财政饭的，很多事情都是自己筹资，但是在村民眼中，村干部就是当地的父母官，他们就代表政府，他们的失信行为直接影响到政府在老百姓心中的形象。

村委会作为集体经济组织，与个人、法人明显不同。村主任、书记任职情况不稳定，文化程度不高，法律意识比较淡薄，认识不到不履行法定义务的后果；同时集体经济组织规模较小，甚至没有集体经济，集体收入较少，种种原因导致其不愿意履行生效文书确定的义务。

三是隐性失信难于规范。地方各部门的联动协调机制还没有完全建立起来，相关法规体系尚不健全，防范增量机制尚未形成，导致部委层面的整改措施难以发力，难以直接击中基层隐性失信痛点，一劳永逸地根除顽疾。比如，公务员作为政府机构的最小单元，是直接面向百姓的政务执行人，但其失信行为尚难全面监管，这也是大量政府隐性失信的来源之一，是政策能否落实到位的关键。

地方政府还有一些隐性失信行为对经济社会发展构成不利影响。许多政府为当地企业提供隐性担保筹资搞基础设施建设，但因权责关系复杂，处理起来极为棘手。此外，“政令不定”是基层群众反映较多的隐性政府失信行为之一。

四是互联网快速发展增加了政务诚信建设的难度。我国互联网普及率稳步提升，微博、微信等新媒体平台用户庞大，但在网络特别是新媒体平台中，政府的声音仍然较弱。网络的普及给政务诚信建设带来了新的挑战。根据中国互联网协会公布的《中国互联网络发展状况报告》的统计，截至2019年6月末，我国网民数量已经达到8.47亿，网络普及率达到

61.2%，但网民学历结构偏低，学历为高中及以下的网民占总网民数量的79.8%。网民数量的增加和信息识别能力的不足，一方面加大了负面情绪的传播速度和覆盖人群，另一方面增加了政务诚信建设的难度。

第三节　小结

本章通过两节的内容，简要介绍了政务诚信建设取得积极进展，分析了政务失信现状和政务诚信建设面临的挑战。

自国务院《社会信用体系建设规划纲要（2014—2020年）》印发以来，尤其是国务院《关于加强政务诚信建设的指导意见》印发以来，我国政务诚信建设取得积极进展，政府公信力不断提升，政府尤其是中央政府获得了民众的普遍信任。政务诚信建设取得积极进展突出表现在：依法行政水平显著提高、狠抓政务公开阳光政府成效明显、勤政高效不断取得新突破、积极构建政务诚信监督体系，以及政务信用管理体系不断完善等方面。

政务诚信在社会信用体系建设中具有“领头羊”作用，尽管政务诚信建设已取得积极进展，然而政务失信状况也不容忽视。当前，政务诚信建设工作中也面临不少挑战。概括来说，政务诚信建设面临四大挑战：一是新官不理旧账，二是村委会难监管，三是隐性失信难于规范，四是互联网快速发展增加了政务诚信建设的难度。

第五章　政务诚信与营商环境优化

营商环境是建设现代化经济体系、促进高质量发展的重要基础，是一个地区市场环境、政务环境、法治环境、社会环境等方面的综合体现。营商环境反映市场主体生存环境，是经济发展的“晴雨表”，是新时代经济高质量发展的新动能，是一个国家或地区的核心竞争力，也是一个国家或地区的吸引力、创造力和软实力。

营商环境根本问题是政企关系。一个国家或地区营商环境的优劣，与当地政务诚信状况直接挂钩。政务诚信是优化营商环境的基石，是政务主体取信于民的基础。相反，政务失信会严重影响营商环境。优化地方营商环境，提高地方发展的核心竞争力，应该瞄准企业经营的痛点、难点，不应回避问题，政务诚信是优化营商环境的关键所在。

当前，中央关于优化营商环境的政策中，有不少涉及加强政务诚信工作的条款，本章进行了梳理。

第一节　现代化经济体系需要高质量的营商环境

营商环境是建设现代化经济体系、促进高质量发展的重要基础，是一个地区市场环境、政务环境、法治环境、社会环境等方面的综合体现。

（一）营商环境内涵及评价方法

根据国务院《优化营商环境条例》，营商环境是指企业等市场主体在市场经济活动中所涉及的体制机制性因素和条件。

不同类型的市场主体成长规律不尽相同，不同发展阶段遭遇的困难和瓶颈各异，对营商环境的需求重点也不同。一般来说，市场主体在发展初期，对资金的渴望较为强烈；发展到一定阶段后亟待突破技术瓶颈，进入平稳期后常面临创新乏力和知识产权挑战等问题。因此，优化营商环境应当聚焦市场主体从开办、运营到注销等各个环节的需求特征，深入了解企业从初创、成长到成熟各个阶段发展的痛点，为市场主体全生命周期发展提供综合的、全面的“店小二”式服务。

目前，世界银行组织开展的营商环境评价为推动全球营商环境进步提供了一种可度量的标准，日益成为国际投资的重要参考数据。根据世界银行《营商环境报告》，营商环境评价指标将市场主体全生命周期分为启动、选址、融资、容错处理等四个阶段，设立 10 个一级指标，包括开办企业、办理施工许可、获得电力、登记财产、获得信贷、保护少数投资者、纳税、跨国贸易、执行合同和办理破产等方面。

亚当·斯密经典经济学认为，市场本质须达到这样的要求：市场主体进入、退出市场较为便利，“门槛要低”；可选择的要素多样多元，自主自愿自负；市场主体间、市场主体与政府间实行契约原则，诚信平等依法。世界银行营商环境评价指标，在一定程度上反映了上述要求①。

营商环境反映市场主体生存环境，是经济发展的“晴雨表”，是新时代经济高质量发展的新动能，是一个国家或地区的核心竞争力，也是一个国家或地区的吸引力、创造力和软实力。营商环境的好坏直接关系到地方招商引资、关系到经济发展的活力和质量、关系到企业的生存和发展。招商引资，实质是在更大市场空间中配置资源，在全球范围内寻找合作伙伴，拼的就是营商环境。一个国家或地区只有形成良好的营商环境，才能引来好项目，留住好项目。否则，即使一时留住了也长不大，长大了也会流走。能否持续优化营商环境，是一个地区吸引要素集聚的关键，最终影响地区发展的进程。近几年，中国区域经济呈现的南北差距扩大，其中一

① 周锦尉．刀刃向内，以核心环节突破带动整体水平提升——坚定不移把优化营商环境向纵深推进系列评论之三［N］．文汇报，2020－01－05．

个重要原因正是南北方营商环境差距扩大导致的经济发展分化。可以说，区域经济发展差距，实质上反映的是营商环境的差距。

国际经验表明，高效、廉洁和包容是优化营商环境的三个基本环节。近年来新加坡的营商环境在世界银行排名始终名列前茅。新加坡政府一方面持续降低企业运行的制度性成本，构建安全、高效和稳定的市场环境；另一方面持续提升基础创新要素供给能力，确保创新驱动效能。此外，新加坡对腐败现象持零容忍态度，制定了完备的法律法规、制度、行为规范[①]。

（二）优化营商环境未来发展方向

优化营商环境未来发展方向是市场化、法治化、国际化。

市场化意味着要进一步厘清政府与市场的关系。当前，一些地方政府仍存在对市场干预过多、监管效能低下、公共服务质量不高等问题。对此，十八届三中全会提出，市场在资源配置中起“决定性作用”，经济体制改革的核心问题是处理好政府和市场的关系。《中共中央　国务院关于构建更加完善的要素市场化配置体制机制的意见》提出，充分发挥市场配置资源的决定性作用，畅通要素流动渠道，保障不同市场主体平等获取生产要素，推动要素配置依据市场规则、市场价格、市场竞争实现效益最大化和效率最优化。优化营商环境过程中，如果尊重市场规律，充分发挥政府作用，营商环境就会变得越来越好。

法治化是优化营商环境的有力保障，但现有法律往往无法全面覆盖社会实践中出现的新情况、新问题。国务院于2020年1月1日起施行的《优化营商环境条例》是我国有关营商环境的第一部行政法规，它坚持问题导向，着重解决优化营商环境体制机制的“软环境”问题，是对我国营商环境发展的新认识和新总结，但现有法律显然不可能包含这些新内容，因此，优化营商环境过程中，需要建立与时俱进的营商环境法治体系，使其

① 汤蕴懿．以企业集聚度、活跃度、感受度作为衡量标准——坚定不移把优化营商环境向纵深推进系列评论之五［N］．文汇报，2020－01－07.

与《优化营商环境条例》精神相辅相成，更有效地保障《优化营商环境条例》的贯彻实施。

国际化意味着要努力做到贸易投资最便利、行政效率最高、政府服务最规范、法治体系最完善，意味着更大的招商力度、更精准的招商模式、更有效的政策供给，意味着刀刃向内的勇气、自我革命的魄力、善作善成的智慧。

整体来看，我国经济已转向高质量发展阶段，高质量发展必须要有高质量的营商环境做保障。实践证明，企业就像候鸟，哪里的营商环境好，它就到哪里栖息，就在哪里生长。新常态下区域发展在分化，哪个地方的营商环境好，企业投资就往哪里走，哪个地方发展就会更快更有活力。

抓好营商环境的优化，对未来发展至关重要。营商环境好了，不仅好的项目好的企业能够招进来、引进来，本地的民营经济也能获得发展空间，生出来、长出来。参天大树都是从幼小树苗长成的，今天的中小企业很可能就是明天的独角巨兽，这种生生不息的内生力量，是地方经济发展最宝贵的财富，也是换道超车的重要推动力①。

第二节　优化营商环境的基础和关键是政务诚信

（一）政务诚信是优化营商环境的基石

现代市场经济是信用经济，信用是市场经济运行的基础和前提。市场经济主要通过市场机制实现资源配置，而作为市场机制核心内容的商品交换其基本原则是建立在信用基础上的等价交换。随着交换关系的复杂化，整个经济活动被彼此相连、互为制约的信用关系所联结。这种信用关系作为一种独立的经济关系维系、支持、形成市场秩序。没有信用，就没有交

① 舒圣祥．优化营商环境从建设诚信政府做起［N］．济南日报，2020－02－20.

换和市场，就没有经济活动存在和扩大的基础，就没有人类赖以生存和发展的社会秩序。

信用经济时代，生产、分配、交换、消费等活动主要以信用交易方式进行、信用交易比重逐渐增加，经济主体之间形成广泛的债权债务关系，信用成为社会关系、经济运行和管理制度的核心要素之一，信用已经成为市场主体的财富。

信用经济时代，由于政务主体掌握着管理社会公共事务的权力，权力配置以信用为前提，才能最大限度吸引和集聚社会资源来办大事。权力配置以信用为前提意味着，政务主体要同其他信用主体一样，以自身的信用来平等参与市场经济活动，以信用获得市场主体的信任和青睐。可以说，政务诚信是社会信用的基础和灵魂。

在由政务诚信、商务诚信、社会诚信和司法公信等重点领域构成的社会信用体系中，政务诚信尤为关键。《社会信用体系建设规划纲要(2014—2020年)》明确提出，政务诚信是社会信用体系建设的关键，各类政务行为主体的诚信水平，对其他社会主体诚信建设发挥着重要的表率和导向作用。

作为社会信用体系建设的重点，政务诚信是商务关系有效维护、商务运行成本有效降低、营商环境有效改善的基本条件，是各类商务主体可持续发展的生存之本，也是各类经济活动高效开展的基础保障。

营商环境根本问题是政企关系。政企关系和谐，营商环境就优良；政企关系纠结，营商环境就恶化①。优化营商环境关键是要营造信用法治的社会生态，减少交易的成本和信任的成本，提高市场的活力和发展的动力。信用法治的社会生态做得好，才会有更多的市场主体愿意来投资兴业，也会有更多的人才因为信用法治而持续涌入，让地方发展真正迈入潜力无限的良性循环。

信用法治的社会生态中，政务主体带头守信格外重要。这不仅是信用

① 蔡恩泽．优化营商环境需要地方政府积极作为［N］．半月谈，2018－01－18.

法治社会生态的重要组成部分，更是整个社会诚信的关键基础。假如政务主体不讲诚信，市场主体和居民也很难讲诚信，这就会形成劣币驱逐良币的逆向淘汰。

在招商引资等工作中，无论政府单方面出台的政策，还是与投资者双方签订的合同，无论是往届政府的承诺还是现任政府的承诺，都是政府行为，只要没有依法废止，都应该认真遵守和履行。政府制定的相关政策规定要有一定的稳定性和连续性，要让依照此种政策规定从事投资经营的人们，对未来有比较稳定的预期，可以安心从事自己的工作，并从遵守此种政策规定中得到实惠和利益，而不是时刻处于担心政策有变的忧虑惶惑之中。频繁变动的政策让市场主体无所适从，无法对未来作出长期稳定的规划和安排，终使人们利益受损。合同是彼此的相互承诺，在彼此之间有法律约束力。依法签订的合同，受法律保护，可以通过司法程序，申请强制执行。政府与投资商等签订的合同，是双方基于合意而作出的共同承诺。即使是行政管理中处于优势地位的行政部门，也没有拒绝履行自己签订的合同的特权。在合同的履行中，哪怕出现对自己不利的情况，也要努力履约。这种一言既出驷马难追、为自己的承诺负责到底的履约精神，正是市场经济法治社会所需要的精神①。

好的营商环境，不仅是物资、资金、人才等要素的集聚，政府在这其中扮演什么角色也非常重要。优化营商环境，政务诚信是逻辑起点，是敲开市场主体大门的“敲门砖”，不从抓自身信用做起，就难以为市场主体发展兜底，也就无法获得市场主体的信任，因此，一定程度上讲，优化营商环境的核心是“讲诚信，言必信、行必果”，政府对市场主体的财政资金扶持承诺、政府税收、奖励奖补等政策的兑现程度，政府在市场执法过程中对企业是否一视同仁，政府在服务企业过程中是否按规定执行相关政策等，这些政务诚信建设的内容都时刻影响着市场主体能否在当地立足发展壮大。“与政府谈的不是项目，而是营商环境，是信用”，充分反映出市

---

① 梁发芾．以政务诚信建设促营商环境改善［N］．甘肃日报，2018－03－28.

场在营商环境中极其看重政务诚信这一要素，政务诚信水平高的地方，政府办事市场主体放心，人才留得住、企业待得住、各种资源要素聚得拢。

一个国家或地区营商环境的优劣，与当地政务诚信状况直接挂钩。在全社会发挥表率和导向作用的政务诚信，是投资信心的保障，是招商引资最好的名片，是最基本的营商环境。招商引资要引进来，留得住，发展好，靠的就是不断优化的营商环境。因此，政务诚信是优化营商环境的基石，是政务主体取信于民的基础。

优化营商环境，首先要从政务诚信做起。如果说，对企业的优待、优惠政策是地方政府在招商引资上的选择性动作，那么，尊重契约、依法守信，则应成为一地营商环境不容突破的底线和标配。失去这一底线，再多承诺都无法给企业吃上定心丸。

“信则立，不信则废”，政务诚信犹如附着在政府肌理中的“四维之纲”，纲举则目张，抓住并培育政务诚信，便抓住了优化营商环境的本质要求。

（二）优化营商环境关键在于提升政务诚信水平

当前，优化营商环境，吸引留住市场主体和人才已成为各地发展经济的重要举措。现实中我们发现，有些民营经济发达的地区，即便竞争异常激烈，仍然会有很多人、资本和机构积极涌入，这背后就是政务诚信在支撑着当地优良的营商环境。因为政务主体讲诚信，经济社会活动中凡事皆可预见，不用担心政策朝令夕改，不用担心招商过后被尅。某种意义上，没有政务诚信，优化营商环境就无从谈起。因为大厦不可能建立在沙滩上，良好的营商环境不可能建立在政府失信的政务生态中。

政务失信，不仅严重败坏了政府的形象和声誉，而且对经济社会发展的影响也是很大的。政府部门轻诺寡信、出尔反尔，政府部门工作人员不诚信，不能践行遵守自己的诺言，必然会影响具体的特定合作方的利益，使他们本该在投资经营中合法合理获得的利益受到损害，使合同所应实现的目标落空。当合作的当事人受到伤害，失去投资意愿和兴趣时，也必然给其他潜在的投资经营者带来阻吓效应，他们因而望而生畏，退避三舍[①]。政务失信，伤害的往往不只是某个市场主体或某一群体的具体利益，而是地方的整体投资环境，“害了一个人，吓退一大群”，丧失了很多难以挽回的商机。更为严重的是，由于政府是诚信规则的制定者、维护者，也是失信行为的裁判者。政府自身失信，产生的负面效应比任何主体都大，极易导致社会陷入信任危机。当社会认为某个政府不诚信、不足以信任，并形成普遍的认识和氛围的时候，要重塑形象和信任，是非常困难的一件事。政务诚信是资源也是环境，“政务失信”一次，要挽回是难上加难。对一些政府部门来说，承诺的事情做不到，总能找到各种理由，但在投资者看来，就是缺乏契约精神。

政务失信会严重影响营商环境。近些年，确有少数地方政府存有不讲诚信，承诺的政策不兑现，签订的协议不履行等问题。特别是在招商引资、招才引智等工作中，有的抱着“不管三七二十一，先把人引来再说”的异常心态，事前信口承诺，事后拒不履行。有的新官不理旧账，对前任签订的合同，任意推翻或者置之不理。也有的政策多变，朝令夕改，以后面制定的“新规定”对之前作出的合同乱加否定。有人总结了政府不讲诚信的若干表现，比如“签约即变脸”，企业投资前，政府千般献好，一旦投资，就巧立名目，吃拿卡要，大敲竹杠；比如“承诺即隐身”，招商引资时，承诺为企业提供优质服务，如基础设施、政府办事效率等，但合同一签，承诺就无影无形[②]。

当前，一些民营企业家普遍认为，营商环境的“痛点”主要表现在两个方面：

一是“新官不理旧账”。一些地方出现“一届政府一套政策，一任领导一个想法”的现象。一些地方，一旦主要领导干部变动，政府相关工作的延续性就受到影响，而后任者对前任工作期间遗留下来的问题往往态度

① 梁发芾．以政务诚信建设促营商环境改善［N］．甘肃日报，2018－03－28.

② 鲁珊．政府讲诚信也是营商环境［N］．长江日报，2019－02－26.

消极，推诿扯皮[①]。上一届政府签好的项目、协议，一旦换届或换了新的领导，对前任的这些项目就不予认可，有的要重新签协议，有的推倒重来，根本不把承诺当回事。不少企业基于地方政府曾经的规划，投入大量人力物力，最后却因政策的不稳定性，很可能血本无归，造成难以挽回的损失。

二是“开门迎客，关门打狗”。一些地方在招商引资时为了吸引投资，说得天花乱坠，政府什么要求都答应，什么承诺都能做，可一旦到了落实阶段，市场主体资金到位、项目启动后，完全变成另外一副面孔，各种困难、推诿都来了，经常变着法子去刁难企业。一些企业变成了“唐僧肉”，任人宰割。

“信为政之基，政无信则危，有信则昌”。如果政务诚信缺失，朝令夕改，就会在社会上产生不良的示范效应，给营商环境造成难以想象的破坏[②]。反之，政府讲信用，企业有信心，市场增活力，发展添后劲。

《最高人民法院关于审理行政协议案件若干问题的规定》明确，以政府换届、领导更替为由毁约的要担法律和经济责任。该规定有利于实现对行政机关进行行为约束，给企业投资和经营行为予以保障，对地方政府加强政务诚信建设，优化营商环境起到重要推动作用。

整体来看，优化地方营商环境，提高地方发展的核心竞争力，应该瞄准企业经营的痛点、难点，不应回避问题，政务诚信是优化营商环境的关键所在。

（三）优化营商环境政策部署加强政务诚信工作

当前，中央关于优化营商环境的政策中，有不少涉及加强政务诚信工作的条款。

---

① 舒继华、郝方甲、程士华．新华时评：政府“换班”别让诚信“断档”［N］．新华社客户端，2014－06－25.

② 薛建国．诚信建设政府先行——提升营商环境系列评论之二［N］．浙江新闻客户端，2018－03－15.

2018 年 10 月 29 日，国务院办公厅发布的《企业关切进一步推动优化营商环境政策落实的通知》（国办发〔2018〕104 号）明确提出，加强诚信政府建设。各地区、各部门要把政府诚信作为优化营商环境的重要内容，建立健全“政府承诺 + 社会监督 + 失信问责”机制，凡是对社会承诺的服务事项，都要履行约定义务，接受社会监督，没有执行到位的要有整改措施并限期整改，对整改不到位、严重失职失责的要追究责任。发展改革委要监测评价城市政务诚信状况，组织开展政府机构失信问题专项治理。各地区要梳理政府对企业失信事项，提出依法依规限期解决的措施，治理“新官不理旧账”等问题，研究建立因政府规划调整、政策变化造成企业合法权益受损的补偿救济机制。同时，要加大政府欠款清偿力度。

2020 年 1 月 1 日起施行的《优化营商环境条例》涉及依法行政、政务公开、勤政高效、守信践诺和失信惩戒等政务诚信相关的多个具体条款，具体情况如表 8 所示。

表 8　《优化营商环境条例》涉及政务诚信相关条款

依法行政	第五十一条　政府有关部门应当严格按照法律法规和职责，落实监管责任，明确监管对象和范围、厘清监管事权，依法对市场主体进行监管，实现监管全覆盖
	第五十八条　行政执法机关应当按照国家有关规定，全面落实行政执法公示、行政执法全过程记录和重大行政执法决定法制审核制度，实现行政执法信息及时准确公示、行政执法全过程留痕和可回溯管理、重大行政执法决定法制审核全覆盖
	第六十四条　没有法律、法规或者国务院决定和命令依据的，行政规范性文件不得减损市场主体合法权益或者增加其义务，不得设置市场准入和退出条件，不得干预市场主体正常生产经营活动。涉及市场主体权利义务的行政规范性文件应当按照法定要求和程序予以公布，未经公布的不得作为行政管理依据
政务公开	第三条　各级人民政府及其部门应当坚持政务公开透明，以公开为常态、不公开为例外，全面推进决策、执行、管理、服务、结果公开
	第三十五条　政府及其有关部门应当推进政务服务标准化，按照减环节、减材料、减时限的要求，编制并向社会公开政务服务事项（包括行政权力事项和公共服务事项）标准化工作流程和办事指南，细化量化政务服务标准，压缩自由裁量权，推进同一事项实行无差别受理、同标准办理。没有法律、法规、规章依据，不得增设政务服务事项的办理条件和环节

续表

政务公开	第三十八条　政府及其有关部门应当通过政府网站、一体化在线平台，集中公布涉及市场主体的法律、法规、规章、行政规范性文件和各类政策措施，并通过多种途径和方式加强宣传解读
	第五十二条　国家健全公开透明的监管规则和标准体系。国务院有关部门应当分领域制定全国统一、简明易行的监管规则和标准，并向社会公开
勤政高效	第三条　国家持续深化简政放权、放管结合、优化服务改革，最大限度减少政府对市场资源的直接配置，最大限度减少政府对市场活动的直接干预，加强和规范事中事后监管，着力提升政务服务能力和水平，切实降低制度性交易成本，更大激发市场活力和社会创造力，增强发展动力
	第十八条　国家推动建立全国统一的市场主体维权服务平台，为市场主体提供高效、便捷的维权服务
	第十九条　国家持续深化商事制度改革，统一企业登记业务规范，统一数据标准和平台服务接口，采用统一社会信用代码进行登记管理。国家推进“证照分离”改革，持续精简涉企经营许可事项，依法采取直接取消审批、审批改为备案、实行告知承诺、优化审批服务等方式，对所有涉企经营许可事项进行分类管理，为企业取得营业执照后开展相关经营活动提供便利。除法律、行政法规规定的特定领域外，涉企经营许可事项不得作为企业登记的前置条件
	第二十条　国家持续放宽市场准入，并实行全国统一的市场准入负面清单制度。市场准入负面清单以外的领域，各类市场主体均可以依法平等进入
	第三十三条　政府有关部门应当优化市场主体注销办理流程，精简申请材料、压缩办理时间、降低注销成本。对设立后未开展生产经营活动或者无债权债务的市场主体，可以按照简易程序办理注销。对有债权债务的市场主体，在债权债务依法解决后及时办理注销。县级以上地方人民政府应当根据需要建立企业破产工作协调机制，协调解决企业破产过程中涉及的有关问题
	第三十四条　政府及其有关部门应当进一步增强服务意识，切实转变工作作风，为市场主体提供规范、便利、高效的政务服务
	第三十六条　政府及其有关部门办理政务服务事项，应当根据实际情况，推行当场办结、一次办结、限时办结等制度，实现集中办理、就近办理、网上办理、异地可办。需要市场主体补正有关材料、手续的，应当一次性告知需要补正的内容；需要进行现场踏勘、现场核查、技术审查、听证论证的，应当及时安排、限时办结。法律、法规、规章以及国家有关规定对政务服务事项办理时限有规定的，应当在规定的时限内尽快办结；没有规定的，应当按照合理、高效的原则确定办理时限并按时办结。各地区可以在国家规定的政务服务事项办理时限内进一步压减时间，并应当向社会公开；超过办理时间的，办理单位应当公开说明理由。地方各级人民政府已设立政务服务大厅的，本行政区域内各类政务服务事项一般应当进驻政务服务大厅统一办理。对政务服务大厅中部门分设的服务窗口，应当创造条件整合为综合窗口，提供一站式服务

续表

勤政高效	第三十七条　国家加快建设全国一体化在线政务服务平台，推动政务服务事项在全国范围内实现“一网通办”。除法律、法规另有规定或者涉及国家秘密等情形外，政务服务事项应当按照国务院确定的步骤，纳入一体化在线平台办理。国家依托一体化在线平台，推动政务信息系统整合，优化政务流程，促进政务服务跨地区、跨部门、跨层级数据共享和业务协同。政府及其有关部门应当按照国家有关规定，提供数据共享服务，及时将有关政务服务数据上传至一体化在线平台，加强共享数据使用全过程管理，确保共享数据安全。国家建立电子证照共享服务系统，实现电子证照跨地区、跨部门共享和全国范围内互信互认。各地区、各部门应当加强电子证照的推广应用。各地区、各部门应当推动政务服务大厅与政务服务平台全面对接融合。市场主体有权自主选择政务服务办理渠道，行政机关不得限定办理渠道
	第四十一条　县级以上地方人民政府应当深化投资审批制度改革，根据项目性质、投资规模等分类规范投资审批程序，精简审批要件，简化技术审查事项，强化项目决策与用地、规划等建设条件落实的协同，实行与相关审批在线并联办理
	第四十八条　政府及其有关部门应当按照构建亲清新型政商关系的要求，建立畅通有效的政企沟通机制，采取多种方式及时听取市场主体的反映和诉求，了解市场主体生产经营中遇到的困难和问题，并依法帮助其解决。建立政企沟通机制，应当充分尊重市场主体意愿，增强针对性和有效性，不得干扰市场主体正常生产经营活动，不得增加市场主体负担
	第五十三条　政府及其有关部门应当按照国家关于加快构建以信用为基础的新型监管机制的要求，创新和完善信用监管，强化信用监管的支撑保障，加强信用监管的组织实施，不断提升信用监管效能
	第五十六条　政府及其有关部门应当充分运用互联网、大数据等技术手段，依托国家统一建立的在线监管系统，加强监管信息归集共享和关联整合，推行以远程监管、移动监管、预警防控为特征的非现场监管，提升监管的精准化、智能化水平
守信践诺	第三十条　国家加强社会信用体系建设，持续推进政务诚信、商务诚信、社会诚信和司法公信建设，提高全社会诚信意识和信用水平，维护信用信息安全，严格保护商业秘密和个人隐私
	第三十一条　地方各级人民政府及其有关部门应当履行向市场主体依法作出的政策承诺以及依法订立的各类合同，不得以行政区划调整、政府换届、机构或者职能调整以及相关责任人更替等为由违约毁约。因国家利益、社会公共利益需要改变政策承诺、合同约定的，应当依照法定权限和程序进行，并依法对市场主体因此受到的损失予以补偿
	第三十二条　国家机关、事业单位不得违约拖欠市场主体的货物、工程、服务等账款，大型企业不得利用优势地位拖欠中小企业账款。县级以上人民政府及其有关部门应当加大对国家机关、事业单位拖欠市场主体账款的清理力度，并通过加强预算管理、严格责任追究等措施，建立防范和治理国家机关、事业单位拖欠市场主体账款的长效机制

续表

失信惩戒	第六十九条　政府和有关部门及其工作人员有下列情形之一的，依法依规追究责任：（一）违法干预应当由市场主体自主决策的事项；（二）制定或者实施政策措施不依法平等对待各类市场主体；（三）违反法定权限、条件、程序对市场主体的财产和企业经营者个人财产实施查封、冻结和扣押等行政强制措施；（四）在法律、法规规定之外要求市场主体提供财力、物力或者人力；（五）没有法律、法规依据，强制或者变相强制市场主体参加评比、达标、表彰、培训、考核、考试以及类似活动，或者借前述活动向市场主体收费或者变相收费；（六）违法设立或者在目录清单之外执行政府性基金、涉企行政事业性收费、涉企保证金；（七）不履行向市场主体依法作出的政策承诺以及依法订立的各类合同，或者违约拖欠市场主体的货物、工程、服务等账款；（八）变相设定或者实施行政许可，继续实施或者变相实施已取消的行政许可，或者转由行业协会商会或者其他组织实施已取消的行政许可；（九）为市场主体指定或者变相指定中介服务机构，或者违法强制市场主体接受中介服务；（十）制定与市场主体生产经营活动密切相关的行政法规、规章、行政规范性文件时，不按照规定听取市场主体、行业协会商会的意见；（十一）其他不履行优化营商环境职责或者损害营商环境的情形
	第七十条　公用企事业单位有下列情形之一的，由有关部门责令改正，依法追究法律责任：（一）不向社会公开服务标准、资费标准、办理时限等信息；（二）强迫市场主体接受不合理的服务条件；（三）向市场主体收取不合理费用

资料来源：国务院《优化营商环境条例》。

第三节　小结

本章围绕现代化经济体系需要高质量的营商环境、政务诚信是优化营商环境的基石、优化营商环境关键在于提升政务诚信水平以及优化营商环境政策部署加强政务诚信工作等方面的内容，通过分析揭示出政务诚信与优化营商环境之间的关系。

营商环境是建设现代化经济体系、促进高质量发展的重要基础，是一个地区市场环境、政务环境、法治环境、社会环境等方面的综合体现。不同类型的市场主体成长规律不尽相同，不同发展阶段遭遇的困难和瓶颈各异，对营商环境的需求重点也不同。优化营商环境应当聚焦市场主体全生命周期。

营商环境反映市场主体生存环境，是经济发展的“晴雨表”，是新时代经济高质量发展的新动能，是一个国家或地区的核心竞争力，也是一个国家或地区的吸引力、创造力和软实力。营商环境的好坏直接关系到地方招商引资、关系到经济发展的活力和质量、关系到企业的生存和发展。

优化营商环境的方向是市场化、法治化、国际化。市场化意味着要进一步厘清政府与市场的关系；法治化是优化营商环境的有力保障，优化营商环境过程中，需要建立与时俱进的营商环境法治体系；国际化意味着要努力做到贸易投资最便利、行政效率最高、政府服务最规范、法治体系最完善。整体来看，我国经济已转向高质量发展阶段，高质量发展必须要有高质量的营商环境做保障。抓好营商环境优化，对未来发展至关重要。

现代市场经济是信用经济，信用是市场经济运行的基础和前提。信用经济时代，由于政务主体掌握着管理社会公共事务的权力，权力配置以信用为前提，才能最大限度吸引和集聚社会资源来办大事。

作为社会信用体系建设的重点，政务诚信是商务关系有效维护、商务运行成本有效降低、营商环境有效改善的基本条件，是各类商务主体可持续发展的生存之本，也是各类经济活动高效开展的基础保障。

一个国家或地区营商环境的优劣，与当地政务诚信状况直接挂钩。在全社会发挥表率和导向作用的政务诚信，是投资信心的保障，是招商引资最好的名片，是最基本的营商环境。招商引资要引进来、留得住、发展好，靠的就是不断优化的营商环境。政务诚信是优化营商环境的基石，是政务主体取信于民的基础。

没有政务诚信，优化营商环境就无从谈起。因为大厦不可能建立在沙滩上，良好的营商环境不可能建立在政府失信的政务生态中。政务失信，不仅严重败坏了政府的形象和声誉，而且对经济社会发展的影响也是很大的。由于政府是诚信规则的制定者、维护者，也是失信行为的裁判者。政府自身失信，产生的负面效应比任何主体都大，极易导致社会陷入信任危机。优化地方营商环境，提高地方发展的核心竞争力，应该瞄准企业经营的痛点、难点，不应回避问题，政务诚信是优化营商环境的关键所在。

当前，中央关于优化营商环境的政策中，有不少涉及加强政务诚信工作的条款。国务院办公厅发布的《企业关切进一步推动优化营商环境政策落实的通知》明确提出，加强诚信政府建设。国务院《优化营商环境条例》涉及依法行政、政务公开、勤政高效、守信践诺和失信惩戒等政务诚信相关多个具体条款。

本章从政务诚信与营商环境关系的角度进行了一些梳理，对于认识政务诚信的重要性具有一定的参考价值。

第六章　政务诚信与国家治理体系和治理能力现代化

本章重点介绍政务诚信与国家治理体系和治理能力现代化之间的关系，从国家治理体系和治理能力现代化的内涵和实质，信用体系与国家治理体系和治理能力现代化的关系以及政务诚信建设在推进国家治理体系和治理能力现代化进程中的定位等方面展开。

第一节　国家治理体系和治理能力现代化的内涵和实质

（一）国家治理体系和治理能力现代化的内涵

2013 年 11 月 9 日至 12 日在北京召开的党的十八届三中全会提出：“全面深化改革的总目标是完善和发展中国特色社会主义制度，推进国家治理体系和治理能力现代化。”将推进国家治理体系和治理能力现代化作为全面深化改革的总目标，对中国具有重大而深远的理论意义和现实意义。

国家治理体系和治理能力是一个国家制度和制度执行能力的集中体现。其中：国家治理体系是在党领导下管理国家的制度体系，包括经济、政治、文化、社会、生态文明和党的建设等各领域体制机制、法律法规安排，也就是一整套紧密相连、相互协调的国家制度；国家治理能力则是运用国家制度管理社会各方面事务的能力，包括改革发展稳定、内政外交国防、治党治国治军等各个方面。

国家治理体系现代化的过程，就是通过系列的制度安排和宏观顶层设计，使国家的治理体系日趋系统完备、不断科学规范、愈加运行有效的过程。治理能力现代化的过程，就是将制度优势转化为治理效能的现代化能力不断获取并逐渐强化的过程①。

国家治理体系和治理能力是一个相辅相成的有机整体，有了好的国家治理体系才能真正提高治理能力，提高国家治理能力才能充分发挥国家治理体系的效能。作为治理体系核心内容的制度，其作用具有根本性、全局性、长远性，但是没有有效的治理能力，再好的制度和制度体系也难以发挥作用。

党的十九届四中全会审议通过的《中共中央关于坚持和完善中国特色社会主义制度、推进国家治理体系和治理能力现代化若干重大问题的决定》，是党的十八届三中全会提出的"全面深化改革、推进国家治理体系和治理能力现代化"的具体化和升级版，是推进新时代国家治理体系和治理能力现代化的行动指南。

从党的十八届三中全会决议到党的十九届四中全会，从国家治理体系和治理能力现代化首次"入题"，到党的历史上首次把推进国家治理体系和治理能力现代化作为大会的鲜明主题，国家治理体系和治理能力现代化的目标和路径日趋清晰：到中国共产党成立一百年时，在各方面制度更加成熟更加定型上取得明显成效；到二〇三五年，各方面制度更加完善，基本实现国家治理体系和治理能力现代化；到新中国成立一百年时，全面实现国家治理体系和治理能力现代化，使中国特色社会主义制度更加巩固、优越性充分展现。

（二）党的十九届四中全会关于国家治理体系和治理能力现代化的部署

党的十九届四中全会系统总结了我国国家制度和国家治理体系具有的

① 徐奉臻．从两个图谱看国家治理体系和治理能力现代化［N］．人民网，2020－04－10.

多方面显著优势，主要是：坚持党的集中统一领导，坚持党的科学理论，保持政治稳定，确保国家始终沿着社会主义方向前进的显著优势；坚持人民当家作主，发展人民民主，密切联系群众，紧紧依靠人民推动国家发展的显著优势；坚持全面依法治国，建设社会主义法治国家，切实保障社会公平正义和人民权利的显著优势；坚持全国一盘棋，调动各方面积极性，集中力量办大事的显著优势；坚持各民族一律平等，铸牢中华民族共同体意识，实现共同团结奋斗、共同繁荣发展的显著优势；坚持公有制为主体、多种所有制经济共同发展和按劳分配为主体、多种分配方式并存，把社会主义制度和市场经济有机结合起来，不断解放和发展社会生产力的显著优势；坚持共同的理想信念、价值理念、道德观念，弘扬中华优秀传统文化、革命文化、社会主义先进文化，促进全体人民在思想上、精神上紧紧团结在一起的显著优势；坚持以人民为中心的发展思想，不断保障和改善民生、增进人民福祉，走共同富裕道路的显著优势；坚持改革创新、与时俱进，善于自我完善、自我发展，使社会始终充满生机活力的显著优势；坚持德才兼备、选贤任能，聚天下英才而用之，培养造就更多更优秀人才的显著优势；坚持党指挥枪，确保人民军队绝对忠诚于党和人民，有力保障国家主权、安全、发展利益的显著优势；坚持“一国两制”，保持香港、澳门长期繁荣稳定，促进祖国和平统一的显著优势；坚持独立自主和对外开放相统一，积极参与全球治理，为构建人类命运共同体不断作出贡献的显著优势。

在系统总结我国国家制度和国家治理体系显著优势的基础上，党的十九届四中全会围绕国家治理体系和治理能力现代化进行了一系列制度设计，与时俱进地提出了一系列制度建设的实践路径，主要包括：（一）坚持和完善党的领导制度体系，提高党科学执政、民主执政、依法执政水平；（二）坚持和完善人民当家作主制度体系，发展社会主义民主政治；（三）坚持和完善中国特色社会主义法治体系，提高党依法治国、依法执政能力；（四）坚持和完善中国特色社会主义行政体制，构建职责明确、依法行政的政府治理体系；（五）坚持和完善社会主义基本经济制度，推动经济高质量发展；（六）坚持和完善繁荣发展社会主义先进文化的制度，巩固全体人民团结奋斗的共同思想基础；（七）坚持和完善统筹城乡的民生保障制度，满足人民日益增长的美好生活需要；（八）坚持和完善共建共治共享的社会治理制度，保持社会稳定、维护国家安全；（九）坚持和完善生态文明制度体系，促进人与自然和谐共生；（十）坚持和完善党对人民军队的绝对领导制度，确保人民军队忠实履行新时代使命任务；（十一）坚持和完善“一国两制”制度体系，推进祖国和平统一；（十二）坚持和完善独立自主的和平外交政策，推动构建人类命运共同体；（十三）坚持和完善党和国家监督体系，强化对权力运行的制约和监督；（十四）加强党对坚持和完善中国特色社会主义制度、推进国家治理体系和治理能力现代化的领导。

无论是国家治理体系还是国家治理能力，都属于国家治理的范畴。国家治理是相对于国家管理而言的，管理有主体和客体之分，存在管理者和被管理者；治理需要全社会参与，依照现代社会治理理念，政府应该是保证社会稳定运转，经济快速发展的服务者和参与者。国家管理强调管理主体只有国家机关，主张政府是万能型政府，强调政府的能力和政府权威，并运用政府的组织管理来管控社会；国家治理则强调民主和公共参与，治理主体不仅包括国家机关，还包括社会组织和公民个人，是多元化的治理方式，强调多元主体之间的相互配合，主体之间既有分工又有合作①。

第二节 信用体系成为国家治理体系和治理能力现代化的新支柱新抓手

现代市场经济条件下，信用是整个市场机制正常运转的基础。现代市场经济的发展经验表明，一个国家和地区市场经济的发展，与其信用体系

① 王伟. 信用建设：国家治理体系现代化的重要环节［N］. 学习时报，2016－07－11.

状况直接相关。进入信息化、互联网、大数据时代，随着中国数字经济发展，人与人之间的交往范围越来越大，节奏越来越快，社会从熟人交易转变为陌生人交易，在陌生人之间大范围、大规模、大频率，有时候甚至非面对面的现代经济交往中，如何判断交易对象的履约意愿与支付能力，都需要信用机制来支撑。

在推进国家治理能力现代化进程中，信用可以发挥很大的作用。信用应该像水一样，以润物细无声的方式，渗入到社会治理的方方面面，实现有效监管、按需监管和事中事后监管目标，形成信用治理和全面依法治国相辅相成的局面。

《中共中央关于全面深化改革若干重大问题的决定》明确提出，建立健全社会征信体系，褒扬诚信，惩戒失信。《中共中央关于坚持和完善中国特色社会主义制度推进国家治理体系和治理能力现代化若干重大问题的决定》提出，完善诚信建设长效机制，健全覆盖全社会的征信体系，加强失信惩戒。

利用信息化和大数据手段，信用体系建设打破了信息孤岛和部门藩篱，整合了政府部门之间、政府与社会之间以及各社会单元之间的信息和资源，提高了政府办事效率。信用体系的持续完善，成为国家治理体系建设的新支柱，治理能力现代化提升的新抓手①。

（一）信用监管是国家治理体系和国家治理能力提升的重要环节

国家治理在经济领域强调处理好政府与市场的关系，减少政府机构的过多干预，充分发挥市场在国民经济调节中的主导作用。近年来，在党中央、国务院领导下，我国各级政府不断创新和改革政府经济管理方式，降低市场准入门槛，放松事前管制，为各类市场主体创造平等竞争的环境和条件。相比过去那种过于依赖行政管制手段管理经济的做法，依靠信用机

① 支振锋．人民时评：信用建设，治理体系新支柱［N］．人民日报，2018－09－11.

制约束企业，加强信用监管是形成有效的国家治理体系、提升国家治理能力的重要环节。

2014 年国务院印发的我国首部信用领域国家级专项规划《社会信用体系建设规划纲要（2014—2020 年）》（国发〔2014〕21 号）首次提出了“信用监管体制”。2015 年《国务院关于“先照后证”改革后加强事中事后监管的意见》（国发〔2015〕62 号）首次提出“以信用监管为核心的监管制度”。2017 年国务院印发的《“十三五”市场监管规划》（国发〔2017〕6 号）提出，通过信用监管机制，提高信息透明度，降低市场交易风险，减少政府监管成本，提高经济运行效率。2019 年政府工作报告指出，推进“双随机、一公开”跨部门联合监管，推行信用监管和“互联网 + 监管”改革，“信用监管”首次被写入政府工作报告。2019 年 6 月 12 日召开的国务院常务会议部署加快建设社会信用体系，构建相适应的市场监管新机制。会议指出，加强信用监管是基础，是健全市场体系的关键，可以有效提升监管效能、维护公平竞争、降低市场交易成本。2019 年 7 月，《国务院办公厅关于加快推进社会信用体系建设 构建以信用为基础的新型监管机制的指导意见》（国办发〔2019〕35 号）正式印发，拉开了加快构建以信用为基础的新型市场监管机制的序幕。2020 年 1 月 1 日起施行的《优化营商环境条例》第五十三条提出，政府及其有关部门应当按照国家关于加快构建以信用为基础的新型监管机制的要求，创新和完善信用监管，强化信用监管的支撑保障，加强信用监管的组织实施，不断提升信用监管效能。

与传统监管相比，新型信用监管机制主要体现出“四个新”：

一是监管理念新，要求贯穿市场主体全生命周期。与传统的断续式监管模式不同，信用监管是贯穿市场主体事前、事中、事后全生命周期的新型监管机制。在事前监管环节，通过市场主体“做承诺”“重教育”“用报告”，提高依法诚信经营意识。在事中监管环节，全面建立市场主体信用记录，大力推进信用分级分类监管。在事后监管环节，强调用好失信联合惩戒的“利剑”。

二是监管方式新，要求根据不同信用状况实施分级分类监管。传统监管模式对所有监管主体平均用力，监管成本高，市场主体压力大、受干扰多。而以信用为基础的新型监管机制是根据市场主体的信用等级高低采取差异化的监管措施，对守信者“无事不扰”，对失信者“利剑高悬”，从而提高了监管效能，让监管力量“好钢用在刀刃上”。

三是监管手段新，要求以大数据为基础、以信用评价为依据实施精准监管。与传统监管方式相比，信用监管更加强调采用“互联网 +”、大数据的手段，有效整合各类信用信息，建立风险预判预警机制，及早发现防范苗头性和跨行业、跨区域风险，为监管部门开展精准监管奠定坚实基础。同时，信用监管也强调要充分发挥公共信用综合评价、行业信用评价等各类信用评价的作用，对市场主体的信用状况进行精准刻画，为监管部门开展差异化监管提供依据。

四是监管机制新，要求跨地区、跨部门和全社会协同监管。与传统监管各自为战的模式不同，信用监管强化了地区间、部门间协同监管，包括信用监管机制协同、业务协同、信息化系统协同。同时也支持社会力量积极参与，鼓励充分发挥行业组织、第三方信用服务机构作用，整合形成全社会共同参与信用监管的强大合力。

信用监管是我国行政管理制度的一项重大的创新性安排与突破，是我国社会主义市场经济发展到新时代的必然结果。

（二）信用等新型治理手段在社会治理领域大有可为

国家治理在社会治理领域强调要创新治理方式，保障社会组织和公民参与治理的权利，调动参与者的积极性，解放和发展生产力。

党的十九大报告指出，中国特色社会主义进入新时代，我国社会主要矛盾已经转化为人民日益增长的美好生活需要和不平衡不充分的发展之间的矛盾。

社会矛盾转化对社会治理提出新要求。这要求治理主体多元化，党政部门、各类社会组织、社会团体、社会服务机构及公众都要积极参与；治理方式多样化，形成党委领导、政府负责、社会协同、公众参与、法治保障的治理方式；治理体制机制创新化，更多地引入包括信用在内的新型治理手段。

实践表明，社会信用体系逐渐成为社会治理工具的好选择，信用等新型治理手段在社会治理领域大有可为。一些地方在健全社会信用体系、促进社会治理创新方面积极探索，强化运用信用手段破解农民工欠薪问题，信用建设与城市管理结合等方面均取得明显成效。

近年来，湖北恩施州结合社会信用体系建设，强化信用手段在农民工欠薪治理工作中运用，建立并完善工资支付领域信用体系建设。对用工企业进行诚信画像、诚信评价，以及分类分级动态监管，实现了对企业用工信用全流程、闭环式管理。定期发布企业用工信用“红黑榜”，对诚信用工企业予以守信激励，对失信企业进行联合惩戒，尤其对恶意欠薪的失信企业，在政府采购、招投标、融资贷款、市场准入等多方面予以限制，使其“一处失信、处处受限”，既倒逼用工企业“不敢欠薪”，又引导企业“不愿欠薪”，从而营造诚信用工的良好氛围。

2018 年，恩施州拖欠农民工工资案件、欠薪总额和欠薪人数较上年同期分别下降 47%、52% 和 71%，全州新建工程项目无一起拖欠农民工工资案件。

江苏昆山市利用信用手段进行社会治理，自 2019 年 1 月开始，昆山市城市管理领域实施失信行为惩戒，在昆山凡是违反“门前三包”规定、随地吐痰、乱扔垃圾和车窗抛物等 15 类违法行为，除了要受到相应的处罚外，达到失信等级认定标准的，一律纳入失信记录。该办法自实施以来，昆山中心城区无证设摊、超门窗占道经营等常见违法现象几乎绝迹。广大市民也在守法前提下，为信用优先储备“加分项”，全市志愿活动空前高涨，5000 余人次志愿者配合城管执法人员开展“小微违法”行为查处，号召市民群众“垃圾不落地”，成为昆山城市管理领域一道亮丽的风景。

（三）中国社会信用体系建设驶入快车道

党中央、国务院高度重视社会信用体系建设。党的十八大以来，党中央、国务院把社会信用体系建设摆在治国理政的重要位置。在党中央、国务院坚强领导下，在国家发展改革委、中国人民银行牵头推动下，在各地区、各有关部门和单位共同努力下，全国社会信用体系建设近年来取得突破性进展，为支撑“放管服”改革、促进金融服务实体经济、维护市场秩序、优化营商环境、提升社会诚信意识发挥了积极作用。

一是顶层设计制度基本形成。自2014年国务院《社会信用体系建设规划纲要（2014—2020年）》印发以来，在社会信用体系建设部际联席会议各成员单位推动下，多个信用建设纲领性文件陆续印发。截至目前，社会信用体系顶层设计和运行机制已基本形成，“信用管终身”的路线图日渐明晰。如表9所示。

表9　国家社会信用体系建设顶层设计制度文件

序号	党中央、国务院和国家社会信用体系建设牵头部门关于社会信用体系建设系列重要文件
1	《国务院关于印发社会信用体系建设规划纲要（2014—2020年）的通知》（国发〔2014〕21号）
2	《法人和其他组织统一社会信用代码制度建设总体方案》（国发〔2015〕33号）
3	《国务院办公厅关于运用大数据加强对市场主体服务和监管的若干意见》（国办发〔2015〕51号）
4	《国家发展改革委人民银行中央编办关于在行政管理事项中使用信用记录和信用报告的若干意见的通知》（发改财金〔2013〕920号）
5	《国务院关于建立完善守信联合激励和失信联合惩戒制度加快推进社会诚信建设的指导意见》（国发〔2016〕33号）
6	《关于加快推进失信被执行人信用监督、警示和惩戒机制建设的意见》（中办发〔2016〕64号）
7	《国务院关于加强政务诚信建设的指导意见》（国发〔2016〕76号）
8	《国务院办公厅关于加强个人诚信建设的指导意见》（国办发〔2016〕98号）
9	《关于全面加强电子商务领域诚信建设的指导意见》（发改财金〔2016〕2794号）
10	《国家发展改革委人民银行关于加强和规范守信联合激励和失信联合惩戒对象名单管理工作的意见》（发改财金规〔2017〕1798号）
11	《国家发展改革委办公厅人民银行办公厅关于对失信主体加强信用监管的通知》（发改办财金〔2018〕893号）
12	《国务院办公厅关于加快推进社会信用体系建设构建以信用为基础的新型监管机制的指导意见》（国发〔2019〕35号）

资料来源：根据公开资料整理。

二是信用基础设施加快推进。近年来，以支撑简政放权为重点的信用基础建设加快推进，统一社会信用代码实现全覆盖，多层次信用信息归集共享体系建成并发挥作用，行政处罚行政许可等信用信息公示水平大幅提高、推动行政审批加快办理的信用承诺广泛开展。

全国信用信息共享平台充分发挥信用信息归集共享“总枢纽”作用，已联通 44 个部委、所有省（自治区、直辖市）和 70 家市场机构，并与国家法人库、人口库等建立了信息核查与叠加机制。截至 2019 年 7 月底，全国信用信息共享平台累计归集各类信用信息约 370 亿条。“信用中国”网站公示行政许可和行政处罚等信用信息约 1.97 亿条，其中行政许可信息约 1.56 亿条，行政处罚信息约 4063 万条。

截至 2019 年 6 月底，人民银行金融信用信息基础数据库共收录 9.99 亿自然人、2757.5 万户企业和其他组织的相关信息。截至 2019 年 10 月底，百行征信个人征信系统已收录自然人信息主体数突破 1 亿人，信贷账户数超过 1.2 亿个，并成功向市场推出个人信用报告、特别关注名单和信息核实核验三款产品。

截至 2019 年 5 月，国家企业信用信息公示系统已归集 1.15 亿市场主体的登记信息、行政许可、行政处罚、经营异常名录和“黑名单”等涉企信息并向社会开放公示。

三是信用联合奖惩效果初现。守信联合激励和失信联合惩戒机制是社会信用体系建设的核心运行机制。自《国务院关于建立完善守信联合激励和失信联合惩戒制度加快推进社会诚信建设的指导意见》（国发〔2016〕33 号）印发以来，60 多个部门累计签署 51 个联合奖惩合作备忘录，推出联合奖惩措施 100 多项。

截至 2019 年 6 月底，全国法院累计发布失信被执行人名单 1443 万例，累计限制乘坐飞机约 2682 万人次，限制乘坐列车高等级席次约 596 万人次，437 万法院失信被执行人慑于信用惩戒主动履行义务。限制失信企业获得政府性资金支持近千亿元。

2019 年 3 月 12 日，最高人民法院院长周强所作的最高人民法院工作报告显示，三年来366万名失信被执行人摄于联合惩戒自动履行了义务，各类案件执行到位金额达4.4万亿元。

2020年5月25日，最高人民法院院长周强所作的2020年最高人民法院工作报告显示，最高人民法院会同国家发展改革委等健全失信被执行人联合惩戒机制，鼓励诚实守信，惩戒失信违约。建立信用惩戒分级管理和失信修复等机制，严格失信惩戒程序条件，精准实施信用惩戒。2019年依法及时删除失信名单208.3万人次，同比上升19.3%。

当前，中国社会信用体系建设已经进入快车道，全社会对信用建设的关注程度、接受程度、重视程度越来越高，社会信用体系建设迎来了全面发力、全面渗透、全面提升、组合推动、深耕细作的新阶段。

第三节　政务诚信是推进国家治理体系和治理能力现代化的基础性工程

国家治理体系和治理能力现代化，实质是从传统的管理走向社会治理，这是高速度增长转向高质量发展的制度保障。它是多主体参与的共商共建共享的过程，需为有序参与提供更为通畅的渠道，为自我管理创造更有力的制度环境，尊重主体性，激发主人翁意识，在相互认同中提升社会信任水平。与国家管理相比，国家治理更加强调把以人为本作为最大的政治，要充分尊重人民群众创造历史的主体地位，以服务者的立场与思维去处理自身与企业、个人之间的关系，作为人民公仆自然不能言而无信。

政务诚信是践行社会主义核心价值观的重要体现，是治国理政的重要资源。一个讲诚信，依法行政，为人民办实事、办好事的政府才能取信于民，才能保障社会稳定和国家的长治久安。当前，提高治理能力，需实现治理方式由政府包揽向政府主导、市场主体、社会协同转变，建立起政府、社会和民众之间的良好信任合作关系，形成国家与社会之间的良性互动。这就要求把政务诚信建设作为推进国家治理体系和治理能力现代化的基础性工程。

2020 年初爆发的新冠疫情应对中，一些地方通过推出“硬核”举措促进政务诚信建设，有效提高了疫情防控能力和社会治理能力，用事实佐证了政务诚信是推进国家治理体系和治理能力现代化的基础性工程这一论断。

一些地方通过借助大数据技术提高疫情防控效率，提升政务诚信水平。

山东烟台建立疫情防控大数据平台，通过科学方式研判管理，提供决策数据支撑。当地短时间内迅速建立了包含确诊病例、疑似病例、集中隔离人员、居家隔离观察人员、外地来烟返烟人员、检查站查控异常人员等六大类基础数据的疫情防控大数据平台，同时打破各部门间的“数据壁垒”，与公安、医疗等部门联动，充实完善涉疫人员基础数据库，搭建了大数据分析和疫情态势感知模块；与此同时，还依托大数据技术建立来烟人员申报查验系统及重点行业健康信息填报系统，助力精准决策。

上海强调加快政务服务“一网通办”、城市运行“一网统管”两张网建设，为应急管理提供有力支撑。2020 年 2 月 7 日，上海市政府召开主题为“部署加强信息化应用，助力防控工作”的专题会议，部署街镇城运中心“一网统管”防疫工作。作为上海“一网统管”首家试点街道，江苏路街道坚持群防群控，强化社区防控，全面从严做好排摸排查，将辖区内 13 个居委、24 处办公楼宇（园区）、10 个建设工地、977 处沿街商户的疫情防控信息，全部纳入街道城市运行管理平台，在一个系统、一个页面实现了“一网统管”。

“一网统管”防疫专页共分为四个部分。一是“疫情发展”，主要显示全国、市、区、街道病例数。街道层面主要分为确诊、疑似、密切接触、居家观察和解除观察。二是“实时播报”，主要是各类信息的实时滚动。三是区域地图和重要点位，即通过地理位置汇总各类工作信息。四是重要工作模块，主要是地毯式人员排摸数据、地毯式消毒工作情况、口罩购买发放、重点人员管控，以及小区封闭式管理、小型工地、沿街商铺、养老机构等重点关注工作。以上内容均显示工作进度、数据撒点、新增累计等。

一些地方创新推出信用赋能抗“疫”政策，综合运用信用管理手段提升政务诚信水平。

为坚持依法防控，保障疫情防控工作顺利开展，多地人大常委会通过紧急立法为战“疫”提供硬核保障。截至2020年2月14日，上海市、浙江省、江苏省、河北省、安徽省、吉林省、四川省、广东省、江西省、河南省、贵州省、天津市等地先后为防疫立法，并且明确个人有隐瞒病史、重点地区旅行史、与患者或疑似患者接触史、逃避隔离医学观察等行为，有关部门将其失信信息依法归集到当地公共信用信息平台，并依法予以惩戒。

为发挥信用对防疫工作的支持作用，突出信用激励和关怀，郑州市专门发文规定，凡是在防控疫情工作中做出贡献的个人或组织、企业，均将获得良好信用加分，并将享受相应的奖励措施。比如参加湖北疫情防控及其他地市疫情防控的医务人员和相关工作人员等七类人可申报个人良好信用加分。

山东明确提出，严格依法依规运用信用手段进行疫情防控，不得随意制定信用黑名单管理办法，不得对一般失信企业实施联合惩戒，不得将轻微失信行为以及按简易程序做出的行政处罚信息纳入失信联合惩戒范围。全面落实失信企业信用修复全程网上办理，无须企业当面递交申请材料，进一步规范明确信用修复工作流程，优化服务，限时办结。

在这场没有硝烟的战争中，基层的网格化管理发挥了重要作用。广东部署在城乡村（居）全面推行“网格化”疫情防控，建立基层疫情防控工作组织体系，责任到人、联系到户，确保各项防控措施全面落实；江苏南京探索“网格+部门”“网格+志愿者”“网格+物业”等社会治理形态，守住了社区疫情联防联控第一线；山东荣成市织密“交通要道卡口+社区村居管控+企业防疫”的联防联控网络，并推广网上点单、超市配菜的购物分流模式和信用激励、志愿跑腿等服务模式，确保人民群众正常生活。

社会信用体系拥有比较完善的信用信息基础设施，能适应数字化精确治理要求，具备作为社会治理工具的诸多优势。此次疫情防控中，有些地区在推动网格化社会治理时与社会信用体系形成良性互动，提升了政务诚信水平，为社会治理精细化、常态化、系统化目标实现进行积极探索，比如把志愿服务纳入社会信用体系，增加志愿者信用积分并进行联合激励，不仅有效防控了疫情，还显著提升了基层政府公信力。

第四节　小结

本章通过三节分别介绍了三部分内容：国家治理体系和治理能力现代化的内涵和实质、信用体系成为国家治理体系和治理能力现代化的新支柱新抓手，以及政务诚信是推进国家治理体系和治理能力现代化的基础性工程。

无论是国家治理体系还是国家治理能力，都属于国家治理的范畴。国家治理是相对于国家管理而言的，管理有主体和客体之分，存在管理者和被管理者；治理需要全社会的参与，依照现代社会治理理念，政府应该是保证社会稳定运转，经济快速发展的服务者和参与者。国家管理强调管理主体只有国家机关，主张政府是万能型政府，强调政府的能力和政府权威，并运用政府的组织管理来管控社会；国家治理则强调民主和公共参与，治理主体不仅包括国家机关，还包括社会组织和公民个人，是多元化的治理方式，强调多元主体之间的相互配合，主体之间既有分工又有合作。

在推进国家治理能力现代化进程中，信用可以发挥很大的作用。信用应该像水一样，以润物细无声的方式，渗入社会治理的方方面面，实现有效监管、按需监管和事中事后监管目标，形成信用治理和全面依法治国相辅相成的局面。利用信息化和大数据手段，信用体系建设打破了信息孤岛和部门藩篱，整合了政府部门之间、政府与社会之间以及各社会单元之间的信息和资源，提高了政府办事效率。信用体系的持续完善，成为国家治理体系建设的新支柱，治理能力现代化提升的新抓手。国家治理体系和治理能力的现代化，实质是从传统的管理走向社会治理，这是高速度增长转向高质量发展的制度保障。国家治理在经济领域强调处理好政府与市场的关系，减少政府机构的过多干预，充分发挥市场在国民经济调节中的主导作用。国家治理在社会治理领域强调要创新治理方式，保障社会组织和公民参与治理的权利，调动参与者的积极性，解放和发展生产力。

政务诚信是践行社会主义核心价值观的重要体现，是治国理政的重要资源。一个讲诚信，依法行政，为人民办实事、办好事的政府才能取信于民，才能保障社会稳定和国家的长治久安。当前，提高治理能力，需实现治理方式由政府包揽向政府主导、市场主体、社会协同转变，建立起政府、社会和民众之间的良好信任合作关系，形成国家与社会之间的良性互动。这就要求把政务诚信建设作为推进国家治理体系和治理能力现代化的基础性工程。

第七章　政务诚信建设实践

社会信用体系建设示范城市和全国城市信用状况监测平台都对政务诚信建设提出了具体要求，部分省份和信用示范城市也就推进政务诚信建设进行了积极探索，本章重点从实务角度介绍政务诚信建设实践。

第一节　从信用示范城市和城市信用监测指标看政务诚信建设侧重点

作为社会信用体系建设的关键，政务诚信建设已经被纳入社会信用体系建设示范城市评审指标和城市信用状况监测预警指标。从信用示范城市和城市信用监测指标可以看出政务诚信建设侧重点。

（一）社会信用体系建设示范城市评审指标中的政务诚信内容

试点示范机制是促进社会信用体系建设创新的不竭动力，是鼓励各地方先行先试的重要手段。为积极引导开展示范创建工作，推动城市信用建设，根据《社会信用体系建设规划纲要（2014—2020年）》有关部署，国家发展改革委、人民银行鼓励地方开展试点示范、积极探索实践，自2015年起分两批组织了包括副省级城市、地级市、县级市和直辖市城区在内的43个城市（城区）创建社会信用体系建设示范城市（城区）。直辖市作为整体不参与创建工作，可以城区为单位开展创建。示范创建工作按照城市自愿申报、第三方中期评估、专家评审等流程推进。

2015 年 8 月，国家发展改革委和中国人民银行联合发文，将沈阳、青岛、南京、无锡、宿迁、杭州、温州、义乌、合肥、芜湖、成都 11 个城市列入首批全国创建社会信用体系建设示范城市。

2016 年 4 月 6 日，国家发展改革委、中国人民银行联合印发《国家发展改革委中国人民银行关于同意北京市海淀区等 32 个城市（城区）创建社会信用体系建设示范城市（城区）工作方案的复函》（发改财金[2016] 769 号），批复了 32 个城市（城区）创建全国第二批社会信用体系建设示范城市（城区）工作方案，第二批创建社会信用体系建设示范城市（城区）包括北京市海淀区，内蒙古自治区呼和浩特市、乌海市，辽宁省大连市、鞍山市、辽阳市，黑龙江省绥芬河市，上海市浦东新区、嘉定区，江苏省苏州市，浙江省台州市，安徽省安庆市、淮北市，福建省福州市、厦门市、莆田市，山东省潍坊市、威海市、德州市、荣成市，河南省郑州市、南阳市，湖北省武汉市、咸宁市、宜昌市、黄石市，广东省广州市、深圳市、珠海市、汕头市、惠州市，四川省泸州市 32 个城市（城区）。

2017 年，国家发改委、中国人民银行对部分创建城市进行评审，将达到验收要求且在自 2016 年以来第三方机构开展的城市信用状况监测中排名始终位于全国前列的 12 个城市确定为社会信用体系建设示范城市。根据 2017 年底国家发展改革委办公厅、中国人民银行办公厅印发的通知，杭州市、南京市、厦门市、成都市、苏州市、宿迁市、惠州市、温州市、威海市、潍坊市、义乌市、荣成市 12 个城市为首批社会信用体系建设示范城市。

2019 年 8 月，国家发展改革委办公厅、中国人民银行联合印发通知，公布了第二批社会信用体系建设示范城市（区）名单，青岛市、武汉市、鞍山市、上海市浦东新区、上海市嘉定区、无锡市、合肥市、淮北市、芜湖市、安庆市、福州市、莆田市、郑州市、宜昌市、咸宁市、泸州市 16 个城市（区）“榜上有名”。

政务诚信建设是信用示范城市评审的关键指标之一。根据社会信用体系建设示范城市评估指标（2019 年参考版）要求，参与社会信用体系建设示范城市评审，首先要过“硬指标”门槛，“硬指标”分为基础性指标和引导性指标，基础性指标共 10 项，要求相关城市必须完成，有一项未完成的则一票否决；引导性指标按完成情况得分。其中，“政府失信事件整改到位率达到 100%”是 10 项基础性指标之一。

过了“硬指标”这个门槛之后，政务诚信建设作为社会信用体系建设示范城市评估核心指标之一，重点考察政务诚信建设的举措和成效，权重为6%。具体评分要求为：建立公务员诚信档案，将公务员信用记录作为干部考核、任用和奖惩的重要依据的，得 2 分。无政府重大失信事件，或已全部整改到位的，得 2 分；每增加 1 件未整改到位的政府失信事件减 0.5 分（根据中经网信息考核）。城市政府已将信用监测延伸至所辖县市区，且已有明确规划进一步延伸至乡镇、街道的，得 1 分；城市总体信用状况根据城市信用监测结果计分，计分公式为近 6 期监测得分平均值 × 0.01，最高得 1 分。（根据中经网信息考核）

由此可见，参评国家社会信用体系建设示范城市，必须重视政务诚信建设，而且要侧重于无政府失信事件、有公务员诚信档案、城市信用监测排名高等方面。

（二） 全国城市信用状况监测平台中的政务诚信建设内容

自 2015 年 6 月，国家信息中心中经网受国家发展改革委委托建设“全国城市信用状况监测平台”以来，该平台在城市信用监测和建设过程中日益发挥着重要作用。

截至 2019 年 9 月，平台已对全国 36 个省会及副省级城市、261 个地级市、375 个县级市信用状况进行实时监测和综合评价，形成城市的综合信用指数并排名，实现了全国省会及副省级以上城市、地级市和县级市全覆盖。与此同时，从 2017 年起，每年公开发布《中国城市信用状况监测评价报告》蓝皮书，全景式、多维度展现城市信用建设发展情况，为社会各界提供参考。

全国城市信用状况监测评价是衡量城市信用发展水平的重要手段，也是国家督促地方城市加强信用体系建设工作的重要抓手，有助于主管部门了解和掌握全国信用状况，协助地方政府推进城市信用体系建设，关注信用建设的薄弱环节。

根据城市信用状况监测预警指标（2019 年版），“全国城市信用状况监测平台”运用大数据先进技术，从政务诚信、商务诚信、社会诚信和司法公信四个方面，通过守信激励和失信治理、信用制度和基础建设、诚信文化和诚信建设、信用服务和信用创新、营商环境等五个维度综合评价全国各城市的信用状况。如图 11、表 10 所示。

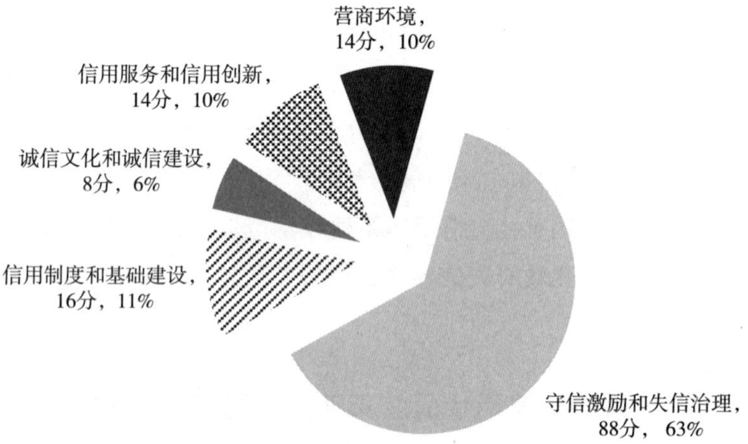

图 11　“全国城市信用状况监测平台”评价体系及相关权重

（资料来源：中经网）

表 10　“全国城市信用状况监测平台”评价指标涉及政务诚信相关内容

一级指标	守信激励和失信治理（88 分）		营商环境（14 分）
二级指标	失信治理绩效测评（16）	严重失信事件监测评价（25 分）	营商环境建设情况（14 分）

续表

三级指标	政府失信被执行人（2）	严重失信政务事件（依法行政、诚信体系建设、守信践诺，3 分）	“信易批”情况（3 分）	“一网通办”情况（5 分）

资料来源：中经网。

从城市信用状况监测预警指标可以看出，政务诚信建设对城市信用状况排名影响较大，为了提升城市信用状况排名，地方政府应重视政务诚信建设，并应该从脱离政府失信被执行人、告别严重失信政务事件以及优化营商环境提升政务服务效率等方面加强政务诚信建设。

第二节　部分省份政务诚信建设经验

自国务院《关于加强政务诚信建设的指导意见》（国发〔2016〕76 号）印发以来，各地结合当地实际加强政务诚信建设工作，探索出推进政务诚信建设的有益经验，本节重点介绍江苏、上海、浙江、陕西、青海和河南六个省份的典型做法。

（一）江苏：将政务诚信建设评价纳入高质量发展考核指标

2020 年 3 月，江苏省社会信用体系建设领导小组办公室印发的《关于公布 2019 年度各设区市和县级地区政务诚信评价结果的通知》明确，根据江苏省委、省政府《江苏高质量发展考核指标与实施办法》政务诚信建设评价相关要求，江苏省信用办组织开展了 13 个设区市和 96 个县（市、区）2019 年度政务诚信建设情况综合评价，委托第三方机构对各地政务诚信建设情况进行了跟踪监测，经总结自评、现场考察、专家评分等综合评定，确定了 2019 年度各地政务诚信建设评价等次。其中：设区市一等次的城市为：苏州、南京、宿迁和无锡；二等次的城市为：常州、扬州、南通、徐州和淮安；三等次的城市为：连云港、镇江、泰州和盐城。

通知要求，2020 年是江苏省“十三五”社会信用体系建设规划收官之年，也是深入推进社会信用体系建设的关键之年，各地要按照江苏省委省政府有关要求，不断加强政务诚信建设，大力营造良好的营商环境，推动全省社会信用体系建设取得新的更大成效，为营造“诚信江苏”作出新的更大贡献。

从上述要求可以看出，江苏推进政务诚信建设的主要做法是将政务诚信建设评价纳入江苏高质量发展考核指标，通过以评促建，推进政务水平提升。

（二）上海：编制政务诚信“三清单”推进政务诚信建设

上海在推进社会信用体系建设过程中，逐步探索形成“三阶段”依托数据、行为、应用清单的全过程信用管理模式。具体到信用管理手段来说，第一阶段是事前的告知承诺，比如“负面清单”。第二阶段就是事中评估分类。第三阶段是事后联动奖惩。要完成这样的全过程覆盖，需要有依托和支撑，为此逐步形成三张清单。一是“数据清单”，信用的信息目录明确归集哪些数据事项。二是“行为清单”，对主体信用行为从哪些方面、依据何种标准进行评估。三是“应用清单”，根据守信、失信的记录采取相应的奖惩措施。

《上海市人民政府印发〈关于本市加强政务诚信建设的实施意见〉的通知》明确提出，定期编制和发布政务诚信数据、行为、应用清单。如表 11 至表 13 所示。

表 11 **上海市政务诚信数据清单（样表）**

上海市政务诚信数据清单（样表）																	
×××单位确认向上海市公共信用信息服务平台提供以下项政府机构信息事项和公务员信息事项（单位盖章）																	
提供单位	部门名称（区级政府填写）	单位类别	相对人	信息类别	信息事项	数据项						有效期限	公开属性	共享范围	提供周期	提供方式	数据更新频率
		市级行政部门	机构法人	行政复议	决定撤销具体行政行为违法	机构名称	统一信用代码	复议书文号	审结日期	事由			内部共享	本市	每年	线下报送	
		市级行政部门	机构法人	行政复议	决定变更具体行政行为	机构名称	统一信用代码	复议书文号	审结日期	事由			内部共享	本市	每年	线下报送	
		市级行政部门	机构法人	行政复议	决定确认该具体行政行为违法	机构名称	统一信用代码	复议书文号	审结日期	事由			内部共享	本市	每年	线下报送	
		市级行政部门	机构法人	行政复议	决定在一定期限内履行	机构名称	统一信用代码	复议书文号	审结日期	事由			内部共享	本市	每年	线下报送	
		市级行政部门	机构法人	行政判决	经诉讼被判决撤销行政行为	机构名称	统一信用代码	案号	审判日期	事由			内部共享	本市	每年	线下报送	
		市级行政部门	机构法人	行政判决	经诉讼被判决限期履行	机构名称	统一信用代码	案号	审判日期	事由			内部共享	本市	每年	线下报送	
		市级行政部门	机构法人	行政判决	经诉讼被判决变更行政行为	机构名称	统一信用代码	案号	审判日期	事由			内部共享	本市	每年	线下报送	

续表

提供单位	部门名称（区级政府填写）	单位类别	相对人	信息类别	信息事项	数据项						有效期限	公开属性	共享范围	提供周期	提供方式	数据更新频率
		市级行政部门	机构法人	行政判决	经诉讼被判决确认行政行为违法或者无效	机构名称	统一信用代码	案号	审判日期	事由			内部共享	本市	每年	线下报送	
		市级行政部门	自然人	刑事判决	经诉讼被判决有罪	姓名	身份证号	案号	审判日期	事由			内部共享	本市	每年	线下报送	
		市级行政部门	机构法人	行政处罚	因行政行为违法被作出行政处罚决定	机构名称	统一信用代码	处罚决定书文号	处罚决定日期	事由	处罚结果		内部共享	本市	每年	线下报送	
		市级行政部门	自然人	行政处罚	因行政行为违法被作出行政处罚决定	姓名	身份证号	处罚决定书文号	处罚决定日期	事由	处罚结果		内部共享	本市	每年	线下报送	
		市级行政部门	自然人	行政处分	给予开除处分	姓名	身份证号	文号	产生日期	事由			内部共享	本市	每年	线下报送	
		市级行政部门	自然人	行政处分	给予撤职处分	姓名	身份证号	文号	产生日期	事由			内部共享	本市	每年	线下报送	

续表

提供单位	部门名称（区级政府填写）	单位类别	相对人	信息类别	信息事项	数据项						有效期限	公开属性	共享范围	提供周期	提供方式	数据更新频率
		市级行政部门	自然人	行政处分	给予降级处分	姓名	身份证号	文号	产生日期	事由			内部共享	本市	每年	线下报送	
		市级行政部门	自然人	行政处分	给予记大过处分	姓名	身份证号	文号	产生日期	事由			内部共享	本市	每年	线下报送	
		市级行政部门	自然人	行政处分	给予记过处分	姓名	身份证号	文号	产生日期	事由			内部共享	本市	每年	线下报送	
		市级行政部门	自然人	行政处分	给予警告处分	姓名	身份证号	文号	产生日期	事由			内部共享	本市	每年	线下报送	
		市级行政部门	自然人	绩效考核	年度考核被评为优秀	姓名	身份证号	文号	产生日期				内部共享	本市	每年	线下报送	
		市级行政部门	自然人	绩效考核	年度考核被评为称职	姓名	身份证号	文号	产生日期				内部共享	本市	每年	线下报送	
		市级行政部门	自然人	绩效考核	年度考核被评为基本称职	姓名	身份证号	文号	产生日期				内部共享	本市	每年	线下报送	
		市级行政部门	自然人	绩效考核	年度考核被评为不称职	姓名	身份证号	文号	产生日期				内部共享	本市	每年	线下报送	

资料来源：上海市发改委。

表 12　上海市政务诚信行为清单（样表）

政务诚信行为清单（样表）					
负面行为事项表（单位盖章）					
提供单位	单位类别	部门名称（区级政府填写）	相对人	行为事项	行为程度
	市级行政部门		机构法人	决定撤销具体行政行为违法	严重
	市级行政部门		机构法人	决定变更具体行政行为	一般
	市级行政部门		机构法人	决定确认该具体行政行为违法	严重
	市级行政部门		机构法人	决定在一定期限内履行	一般
	市级行政部门		机构法人	经诉讼被判决撤销行政行为	严重
	市级行政部门		机构法人	经诉讼限期履行判决	严重
	市级行政部门		机构法人	经诉讼变更判决	严重
	市级行政部门		机构法人	经诉讼确认违法或者无效的判决	严重
	市级行政部门		自然人	作出有罪判决	严重
	市级行政部门		机构法人	因行政行为违法被作出行政处罚决定	一般
	市级行政部门		自然人	因行政行为违法被作出行政处罚决定	一般
	市级行政部门		自然人	给予开除处分	严重
	市级行政部门		自然人	给予撤职处分	严重
	市级行政部门		自然人	给予降级处分	严重
	市级行政部门		自然人	给予记大过处分	一般
	市级行政部门		自然人	给予记过处分	一般
	市级行政部门		自然人	给予警告处分	一般
	市级行政部门		自然人	年度考核被评为不称职	严重

表 13　　**上海市政务诚信应用清单（样表）**

政务诚信应用清单（样表）													
×××单位确认在以下各事项中应用上海市公共信用信息服务平台（单位盖章）													
应用单位	单位类别	部门名称（区级政府填写）	应用类别	应用事项	相对人	管理阶段	业务环节	管理措施	应用手段	应用方式	应用频率	应用依据	应用公开
	市级行政部门		绩效考核	对各区工作的绩效考核	机构法人	事后	行政审核	政务失信记录纳入区××工作绩效考核，对存在严重失信记录的，降低排名	推荐应用		每年	《关于加强政务诚信建设的指导意见》	公开
	市级行政部门		试点申请	×××创建试点申请	机构法人	事前	行政审核	存在严重失信记录的不予受理申请	推荐应用		实时	《关于加强政务诚信建设的指导意见》	公开
	市级行政部门		职级晋升	公务员职级晋升考察	自然人	事前	行政审核	存在严重失信记录的不纳入晋升考察人选	推荐应用		实时	《公务员考核规定（试行）》《关于加强政务诚信建设的指导意见》《上海市社会信用条例》	公开
	市级行政部门		表彰评优	公务员评选“先进个人”	自然人	事前	行政审核	存在严重失信记录的不予参评	推荐应用		每年	《公务员考核规定（试行）》《关于加强政务诚信建设的指导意见》《上海市社会信用条例》	公开

（三）浙江：开展政府机构公共信用评价加强政务诚信建设

2019年7月18日，国务院新闻办举行加快推进社会信用体系建设构建以信用为基础新型监管机制吹风会。浙江省发展改革委负责人杜旭亮在回答记者提问时表示，浙江省委、省政府把“信用浙江”建设作为全面深化市场化改革的头号工程，全面部署实施信用“531X”工程，以更精准的“管”来保障和推动更大幅度的“放”，深入推进“放管服”改革。其中：“531X”中的“5”是指五类主体，对企业、自然人、社会组织、事业单位和政府机构等五类主体全面开展公共信用评价，建立信用档案。具体覆盖浙江省243万家企业、18周岁以上自然人4241万人、3.4万家事业单位、100个地方政府和4753个政府部门，基本实现了公共信用评价“全覆盖、无死角”目标。

由此可见，浙江主要通过开展政府机构公共信用评价加强政务诚信建设。具体操作过程中，浙江将政府机构评价对象分为两类：地方人民政府和政府部门。其中，省级政府部门包括政府组成部门、直属特设机构、直属机构、部门管理机构等，市、县政府部门即政府工作部门。评价通过依法行政、政务公开、勤政高效、守信践诺、履职成效等五大要素刻画地方政府和政府部门的信用形象（详见图12）。

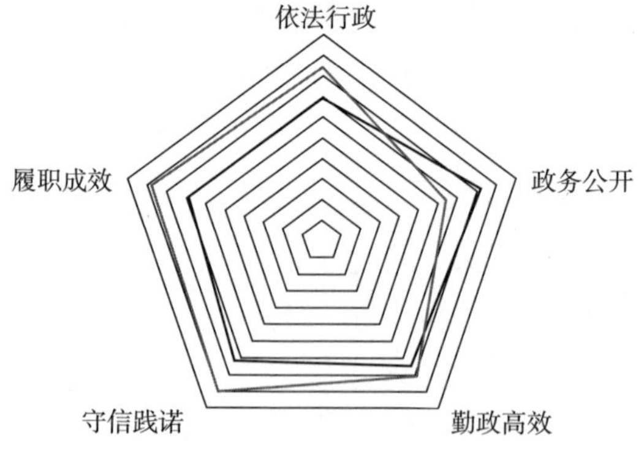

图12　浙江省地方政府、政府部门公共信用评价模型设计图

（资料来源：浙江省发改委）

浙江政府机构公共信用评价的两类评价模型总分均为1000分，借鉴国家城市信用监测方法和信用建设示范城市创建要求，参考兄弟省市对政府机构信用评价方法，结合层次分析法和专家打分法，分别对地方政府和政府部门评价的一级指标和二级指标设置权重。

其中，地方政府“依法行政”“政务公开”“勤政高效”“守信践诺”“履职成效”等5个一级指标对应的权重分值分别为150分、100分、130分、340分、280分；政府部门“依法行政”“政务公开”“勤政高效”“守信践诺”“履职成效”等5个一级指标对应的权重分值分别为100分、100分、250分、410分、140分。具体见表14、表15。

表14　　浙江省政府机构公共信用评价指标权重一览表

（适用于地方政府）

一级指标项	权重1	二级指标项	权重2	说明	数据来源
依法行政	150	行政复议信息	70	市、县（市、区）政府行政复议案件纠错信息	司法行政部门
		行政诉讼信息	80	市、县（市、区）政府行政诉讼案件败诉信息、地方政府行政非诉案件被裁定不予执行信息	法院系统
政务公开	100	统一社会信用代码信息	100	市、县（市、区）政府“双公示”信息中应用统一社会信用代码的覆盖率信息	省信用中心
勤政高效	130	信用协同信息	40	市、县（市、区）政府信用服务应用业务协同情况信息	省信用中心
		投诉举报信息	50	市、县（市、区）政府信访件未按期办结信息	信访部门
			40	市、县（市、区）政府信访件未按期答复信息	信访部门
守信践诺	340	债务管理信息	40	市、县（市）政府债务超警戒线信息	财政部门
		廉政建设信息	70	市、县（市、区）政府公务员受到党纪政务处分信息	纪检系统
			50	市、县（市、区）政府领导班子受到党纪政务处分信息	纪检系统
			80	市、县（市、区）政府公务员职务犯罪信息	法院系统
		未履行生效裁判信息	100	市、县（市、区）政府的未履行生效裁判信息、失信被执行人信息	法院系统

续表

一级指标项	权重1	二级指标项	权重2	说明	数据来源
履职成效	280	公共事件信息	140	市、县（市、区）政府发生的重特大事项信息，包括：严重危害国家安全事件、严重影响社会稳定事件、严重刑事治安案事件、严重影响经济秩序安监、严重安全事故、严重公共安全事件等信息	省委政法委
		平安鼎、平安牌信息	70	市、县（市、区）被授予平安金鼎、平安银鼎、平安铜鼎、平安鼎、平安牌的信息	省委政法委
		文明城市信息	70	市、县（市、区）政府被授予全国文明城市（浙江）的信息、浙江省示范文明城市（县城、城区）、浙江省文明县（市、区）及浙江省文明城市（县城、城区）的信息	文明办系统

表15　浙江省政府机构公共信用评价指标权重一览表

（适用于各级政府部门）

一级指标项	权重1	二级指标项	权重2	说明	数据来源
依法行政	100	行政诉讼信息	100	各级政府部门行政诉讼败诉的信息	法院系统
政务公开	100	统一社会信用代码信息	100	各级政府部门在“双公示”信息中的应用统一社会信用代码的覆盖率信息	省信用中心
勤政高效	250	信用协同信息	100	各级政府部门信用服务应用业务协同情况信息	省信用中心
		投诉举报信息	80	各级政府部门信访件未按期办结信息	信访部门
			70	各级政府部门信访件未按期答复信息	信访部门
守信践诺	410	廉政建设信息	100	各级政府部门公务员受到党纪政务处分信息	纪检部门
			100	各级政府部门公务员职务犯罪信息	法院系统
		未履行生效裁判、事业单位注销决定信息	180	各级政府部门的未履行生效裁判信息、失信被执行人信息	法院系统
			30	各级政府部门举办的事业单位被警告或冻结法人证书的信息	事业单位登记管理部门

续表

一级指标项	权重1	二级指标项	权重2	说明	数据来源
履职成效	140	文明单位信息	80	各级政府部门被授予全国文明单位（浙江）的信息、浙江省文明单位的信息	文明办系统
		青年文明号信息	60	各级政府部门被授予全国青年文明号、浙江省青年文明号的信息	团省委

（四）陕西：印发政务诚信评价办法（试行）推进政务诚信建设

2017年12月26日，陕西省发展和改革委员会印发的《陕西省政务诚信评价办法（试行）》（陕发改财金函〔2017〕2133号）第四条明确提出，政务诚信评价工作由各级人民政府社会信用体系建设主管部门负责，委托社会信用服务机构、高等院校、科研院所等第三方机构具体实施，所需经费列入各级财政预算予以保障。各级人民政府社会信用体系建设主管部门选择政务诚信评价机构，应当严格按照国家和本省有关政府向社会力量购买服务的规定组织实施。

《陕西省政务诚信评价办法（试行）》第七条明确提出，评价机构应当在广泛采集、核实受评单位政务诚信信息的基础上，按照全省统一标准，依照下列四个方面12项指标，对受评单位的政务诚信状况进行综合评价：（一）依法行政情况。主要评价科学民主决策、政务信息公开、依法履职尽责3项指标。（二）勤政高效情况。主要评价创新管理方式、提升服务效能2项指标。（三）守信践诺情况。主要评价目标责任落实、政策承诺兑现、合同协议履行3项指标。（四）信用建设情况。主要评价制度机制建设、信用信息共享、公务员信用管理、政务失信惩戒4项指标。具体情况如表16所示。

表 16　　陕西省政务诚信评价指标和主要评价内容

一级指标	二级指标	指标权重	主要评价内容
依法行政 25%	科学民主决策	8	重大决策制度机制是否健全
			重大决策是否经过公众参与、专家论证、风险评估、合法性审查、合规性审核、集体讨论决定等程序
	政务信息公开	9	政务信息公开制度机制是否健全
			行政规范性文件设置专栏公开制度和决策、执行、管理、服务、结果全过程公开制度落实情况及考核结果
			政务信息公开工作社会评议及责任追究情况
	依法履职尽责	8	“法定职责必须为”执行情况
			“法无授权不可为”执行情况
勤政高效 25%	创新管理方式	10	事前监管方式及成效，如实施市场主体信息公示、信用承诺、信用信息查询等
			事中监管方式及成效，如实施市场主体分类监管、大数据监测、双随机抽查、第三方信用评估等
			事后监管方式及成效，如实施信用红黑名单管理、守信联合激励、失信联合惩戒等
	提升服务效能	15	简化优化服务流程情况
			创新服务方式情况
			扩大公共服务供给情况
			及时回应社会关切情况
			公共服务质量社会评价情况
守信践诺 25%	目标责任落实	7	政府工作报告、年度工作要点等落实情况
			政府决定事项落实情况
	政策承诺兑现	9	政策履行情况
			承诺兑现情况
	合同协议履行	9	政府采购、招标投标、政府与社会资本合作、地方政府债务、招商引资等重点领域合同协议履行情况
信用建设 25%	制度机制建设	7	信用工作机构建设和人员配备情况
			信用信息核查使用、信用联合奖惩、异议信息处理、失信投诉举报、信用修复等信用管理制度建设和落实情况

续表

一级指标	二级指标	指标权重	主要评价内容
信用建设 25%	信用信息共享	8	向省公共信用信息平台报送自然人、法人、非法人组织等各类社会主体信用信息情况
			信用信息更新维护情况
			查询使用信用信息情况
	公务员信用管理	5	开展公务员诚信教育情况
			公务员信用记录建设情况
			在公务员管理工作中应用信用信息情况
	政务失信惩戒	5	政务失信记录建设情况
			政务失信治理情况
			对公务员懒政怠政、不遵守法律法规和相关制度、以权谋私、失职渎职等失信行为的惩戒情况

（五）青海：第三方评估与自查评估相结合加强政务诚信建设

2019 年 7 月，青海省社会信用体系建设领导小组办公室启动《青海省人民政府关于青海省加强政务诚信建设的实施意见》执行效力和贯彻落实情况检查评估工作。评估采取第三方评估与自查评估相结合的方式进行，重点对各地区、各有关部门贯彻落实文件的具体措施和推进情况进行检查和验证，包括各地区、各部门在信用制度建设、工作机制建立和联合奖惩等诚信措施执行等方面所做的主要工作、取得的成效，存在的问题和不足等。

（六）河南：启动政务诚信建设研究课题推动政务诚信建设

2020 年 3 月，河南省发展和改革委员会发布《关于河南省社会信用体系建设“十四五”规划编制及重点课题的征集公告》，明确提出加强政务建设问题、路径及对策研究课题，课题要求深入分析政务失信问题的现状及可能风险，研究提出地方政府推进政务诚信建设水平有效路径及具体对策建议。

第三节 部分信用示范城市政务诚信建设探索

本节重点介绍杭州、南京、苏州、郑州、泸州和荣成等部分信用示范城市政务诚信建设探索，具体情况如下。

（一）杭州：以政务诚信建设为引领 打造最讲信用的城市

2020年4月3日，杭州市信用杭州建设领导小组办公室印发的《2020年信用杭州建设工作要点》（杭信办〔2020〕2号）明确提出，2020年信用杭州建设工作总体要求是：全面落实国家、浙江省、杭州市关于社会信用体系建设的工作要求，以“打造最讲信用的城市”为目标，以政务诚信建设为引领，全面构建以信用为核心的市场监管体系，全力拓展“信易+”创新应用场景，有效发挥信用建设在促进经济高质量发展和创新社会治理中的关键作用，不断提高人民群众的获得感、幸福感、安全感。

《2020年信用杭州建设工作要点》明确提出，提升政府公信力，全面加强政务诚信建设。具体来看：

一是健全政务诚信履约机制。坚决整治“新官不理旧账”问题，将涉诉政府债务清偿纳入预算管理，持续加强失信政府机构的专项治理。鼓励有条件的政府部门主动公开信用承诺，将各级各部门在兑现公共服务、落实优惠政策等工作的守信践诺情况记入良好信用记录。

二是建立政务失信问责机制。把行政机关和公务员在履职过程中违背信用承诺，以及因违法违规、失信违约被司法判决、行政处罚、纪律处分、问责处理等信息纳入政务失信记录。各级政府部门存在失信记录的，在各级各类评优评先中，依规取消评选资格。公务员存在不履行生效法律文书以及非法干预、妨碍执行等严重失信问题的，将信息提供给组织人事部门，采取适当方式共同督促改正；构成违纪违法的，移送纪检监察机关。

三是持续推动政务用信机制。继续鼓励政府部门在行业管理、工程招投标、重大政府采购等行政管理过程中购买信用服务。支持信用服务机构、高校及科研院所等第三方机构对各地区各部门开展政务诚信评价评级。将信用培训纳入公务员培训和领导干部进修课程，加强公务员信用知识学习，提升公务员信用意识。

杭州市提升政府公信力，全面加强政务诚信建设任务分工情况如表17所示。

表17　　杭州市2020年全面加强政务诚信建设任务分工情况

序号	内容	主要任务	具体举措及成果形式	完成时间	责任单位
1	提升政府公信力，全面加强政务诚信建设	健全政务诚信履约机制	坚决整治“新官不理旧账”问题，将涉诉政府债务清偿纳入预算管理，持续加强失信政府机构的专项治理	持续推进	市发改委、市财政局，各区、县（市）政府
2			鼓励有条件的政府部门主动公开信用承诺，将各级各部门在兑现公共服务、落实优惠政策等工作的守信践诺情况进入良好信用记录		市信用杭州建设领导小组办公室各成员单位，各区、县（市）政府
3		建立政务失信问责机制	把行政机关和公务员在履职过程中违背信用承诺，以及因违法违规、失信违约被司法判决、行政处罚、纪律处分、问责处理等信息纳入政务失信记录	持续推进	市委组织部、市发改委
4			各级政府部门存在失信记录的，在各级各类评优评先中，依规取消评选资格		市信用杭州建设领导小组办公室各成员单位
5			公务员存在不履行生效法律文书以及非法干预、妨碍执行等严重失信问题的，将信息提供给组织人事部门，采取适当方式共同督促改正		市中院、市委组织部
6			构成违纪违法的，移送纪检监察机关		市中院
7		持续推动政务用信机制	继续鼓励政府部门在行业管理、工程招投标、重大政府采购等行政管理过程中购买信用服务	持续推进	市财政局、市发改委
8			支持信用服务机构、高校及科研院所等第三方机构对各地区各部门开展政务诚信评价评级		市发改委、信用杭州促进会
9			将信用培训纳入公务员培训和领导干部进修课程，加强公务员信用知识学习，提升公务员信用意识		市委组织部

（二）南京：《南京市社会信用条例》专门明确政务诚信条款

2019年12月27日南京市第十六届人民代表大会常委会第十九次会议通过、2020年1月9日江苏省第十三届人民代表大会常务委员会第十三次会议批准，自2020年7月1日起施行的《南京市社会信用条例》对政务诚信建设提出明确条款要求。

《南京市社会信用条例》第十条提出，市、区人民政府、江北新区管理机构以及相关部门应当科学、民主、依法决策，实行决策、执行、管理、服务、结果公开，提高政府工作透明度。南京市、区人民政府、江北新区管理机构以及相关部门在招商引资、政府采购、招标投标、债务融资以及开展和社会资本合作项目等方面，应当兑现依法作出的政策承诺，履行合同义务。国民经济和社会发展规划、政府工作报告中承诺事项的履行情况应当作为评价政府诚信水平的重要内容。

《南京市社会信用条例》第十一条规定，国家机关、法律法规授权具有管理公共事务职能的组织等以及公职人员应当依法办事、诚实守信，在社会信用体系建设中做好示范。建立公职人员信用档案，记录有关诚信履职情况并纳入市公共信用信息归集和服务平台，加强对政务诚信情况的监督、考核、评价和应用。公务员管理等相关部门应当将信用知识纳入领导干部和机关工作人员培训课程，加强诚信教育。

《南京市社会信用条例》第十四条规定，市、区人民政府、江北新区管理机构以及相关部门应当建立以信用监管为基础的新型市场监管机制，提高行政效能。

《南京市社会信用条例》第十九条规定，市、区人民政府、江北新区管理机构应当加强社会信用体系基础设施建设，推进社会信用信息系统标准化，与国家、省联通对接，实现信用信息公开和数据共享。利用大数据、人工智能、云计算、区块链等技术，将信用信息分析应用嵌入公共服务和行政管理各领域，促进跨地区、跨部门、跨层级业务协同，提高服务和监管效率。

（三）苏州：编制并发布《政务信用信息归集目录（试行）》

苏州建成统一的政府部门信用信息数据库和公务员信用信息系统，编制并发布《政务信用信息归集目录（试行）》，按照目录实现信用信息的常态化归集管理。如表 18 所示。

表 18　　　　苏州市政务诚信信用信息目录

信息类名称	目录名称	数据项名称
机构概况	基本信息	单位名称
		法定代表人
		信息提供部门编码
		信息提供部门全称
		单位名称
		经费来源
		提供日期
		宗旨和服务范围
		统一社会信用代码
		类型
	主要负责人信息	核准日期
		国籍
		姓名
		证件号码
		证件类型
		职务类型（级别）
		信息提供部门编码
		信息提供部门名称
		备注
		机构全称中文
		统一社会信用代码
		提供日期

续表

信息类名称	目录名称	数据项名称
失信信息	行政处罚信息	统一社会信用代码
		组织机构代码
		行政处罚决定书文号
		处罚事由
		案件名称
		处罚依据
		处罚类别
		当前状态
		失信严重程度
		执行情况
		行政处罚编码
		处罚决定日期
		信息源头部门全称
		提供单位全称
		提供日期
		备注
	严重失信黑名单信息	法定代表人
		负责人姓名
		公示截止期
		交换单位全称
		确认严重失信日期
		认定单位
		认定文号
		行政处理处罚或法院判决决定的主要内容
		注册地址
		信息提供部门编码
		信息提供部门名称
		备注
		机构全称中文
		任务编号

续表

信息类名称	目录名称	数据项名称
失信信息	严重失信黑名单信息	提供日期
		统一社会信用代码
		组织机构代码
		工商注册号（单位注册号）
	失信被执行信息	案号
		信息提供部门编码
		信息提供部门名称
		被执行人的履行情况
		法律生效文书确定的义务
		法人姓名
		立案时间
		任务编号
		失信被执行人具体情形
		失信被执行人名称
		未履行部分
		最新更新日期
		已履行部分
		作出执行依据单位
		执行法院
		执行依据文号
表彰荣誉	表彰荣誉	表彰名称
		表彰文件号
		信息提供部门全称
		组织机构代码
		统一社会信用代码
		机构全称
		资质证书编号
		执业范围

续表

信息类名称	目录名称	数据项名称
表彰荣誉	表彰荣誉	信息提供部门编码
		认定日期
		荣誉等级
		荣誉内容
		备注
参保信息	参保缴费信息	本月实缴金额
		本月应缴金额
		参保人数
		单位编码
		缴费年月
		单位缴费基数
		统筹区划码
		统筹区名称
		类别
		信息提供部门编码
		信息提供部门全称
		统一社会信用代码
		创建时间
		提供日期
		任务编号
	参保欠缴信息	本月欠缴金额（元）
		单位编码
		经办机关全称
		交换单位全称
		类别
		累计欠缴金额合计（元）
		累计欠缴月数
		欠缴年月
		认定日期
		是否补缴

续表

信息类名称	目录名称	数据项名称
参保信息	参保欠缴信息	失信行为有效期
		失信严重程度
		统筹区代码
		统筹区名称
		信息提供部门编码
		信息提供部门名称
		备注
		创建时间
		任务编号
		提供日期
		统一社会信用代码
		组织机构代码
许可资质	许可资质	变更核准日期
		交换单位全称
		批准机关全称
		批准日期
		权力编码
		权力名称
		审批类别
		许可截止日期
		许可生效日期
		许可内容
		许可证编号
		许可证名称
		创建时间
		统一社会信用代码
		提供日期
		任务编号
		备注

续表

信息类名称	目录名称	数据项名称
履行约定信息	欠税信息	登记注册类型
		当期欠税金额（元）
		法定代表人名称
		法定代表人证件号码
		法定代表人证件类型
		交换单位全称
		累计欠税金额合计
		纳税人识别号
		欠税截止日期
		欠税开始日期
		欠税税种代码
		欠税税种名称
		征缴机关全称
		提供日期
		信息提供部门编码
		信息提供部门名称
		统一社会信用代码
		组织机构代码
		工商注册号（单位注册号）
		机构全称中文
		提供日期
		备注
		任务编号
	欠缴费信息	交换单位全称
		欠费金额（元）
		欠费开始日期
		欠费截止日期
		欠费量
		欠费时段
		欠缴类型名称

续表

信息类名称	目录名称	数据项名称
履行约定信息	欠缴费信息	认定日期
		认定部门全称
		信息提供部门编码
		信息提供部门名称
		备注
		创建时间
		工商注册号（单位注册号）
		机构全称
		任务编号
		提供日期
		统一社会信用代码
		组织机构代码

此外，苏州还积极推动与公务员考试录用诚信档案库、行贿犯罪档案查询系统、公共资源交易信用信息库的信息共享。实现与“智慧监督”平台数据共享，在全国率先探索政务诚信与从严治党有机结合。

苏州将公务员信用信息系统有效整合，纳入公务员管理信息系统和市级机关人事预算信息管理平台，结合公务员年度考核、公务员信息统计和公务员日常管理等工作定期将公务员在履职过程中因违法违规、失信违约产生的司法判决、行政裁决、行政处罚、行政复议、纪律处分、行政处分、问责处理、个人考核、表彰奖励等信息录入系统，并将有关信息梳理汇总后，定期反馈苏州市信用办。

苏州还研究制订了《苏州市贯彻公务员法建设高素质专业化公务员队伍三年行动计划（2020—2022）》，规定“建立健全公务员诚信档案，加强对公务员遵守法律法规、社会公德、家庭美德等情况的信用信息共享和失信联动惩戒，将诚信情况作为考核和使用的重要依据”。

（四）郑州：为营商环境营造良好的政务诚信环境

2020 年 2 月 10 日，郑州市社会信用体系建设工作领导小组印发《郑州市营商环境政务诚信建设工作推进方案》（郑信用〔2020〕1号），从加强政务诚信监督机制建设、构建政务诚信信用管理体系、推进重点领域政务诚信建设等三大方面，提出了16项具体措施，以进一步健全政府诚信履约机制，规范重点领域政府诚信行为，推进公务员诚信履职意识和政府诚信行政水平的全面提升。

方案提出，持续推进政务诚信建设，以政府守信践诺、诚信履约为着力点，加强诚信监督、信用管理机制建设，进一步加强重点领域政务诚信建设，建立完善政府失信责任追溯和承担机制，提升公务员诚信履职意识和政府诚信行政水平，持续优化营商环境。

方案提出，通过不断加强政务诚信建设，健全政府诚信履约机制，构建政务诚信监督体系和信用管理体系，重点领域政府诚信行为进一步规范，政务信用记录和第三方评价报告广泛应用，公务员诚信履职意识和政府诚信行政水平全面提升，引领带动全社会提高诚信意识和信用水平，为营商环境营造良好的政务诚信环境。

方案重点明确了推进清理政府和国有企业拖欠、政府采购和招标投标、招商引资政府承诺等领域的政务诚信建设要点，提到了多个“不得”，进一步推进优化郑州营商环境。

例如，在清理政府和国有企业拖欠领域，该方案要求，各县（市、区）政府和各行政机关、事业单位、国有企业等不得违约拖欠市场主体的货物、工程、服务等账款，大型企业不得利用优势地位拖欠民营企业中小企业账款和农民工工资。加大拖欠市场主体账款的清理力度，并通过加强预算管理、严格责任追究等措施，不得新增拖欠政府类投资项目工程款和农民工工资，建立防范和治理拖欠市场主体账款的长效机制。

在招商引资政府承诺领域，该方案提出，严格依法依规出台和承诺优惠政策，不得在招商引资活动中承诺违反法律法规规定的优惠条件。认真履行依法作出的政策承诺和签订的各类合同、协议，不得以政府换届、相关责任人更替等理由毁约，因违约毁约侵犯合法权益的，要承担法律和经济责任。需要作出调整的，应当履行相关法定程序，并对相关企业和投资人的财产损失依法予以补偿。

根据该方案要求，各县（市、区）应将政务诚信建设纳入政府绩效考核内容。

（五）泸州：率先试点乡镇（街道）政务诚信评价

2019 年 11 月，泸州市印发的《泸州市乡镇（街道）政务诚信评价工作方案》规定，从 2020 年起，泸州市将在全国范围内率先试点乡镇（街道）政务诚信评价，其评价结果将供组织和人社部门作为干部选拔任用的依据，同时也可供各区、县政府作为年度目标管理绩效考核参考。如果基层政府存在严重失信行为的，评价结果将被一票否决，记 0 分。

该方案指出，泸州市街道乡镇政务诚信评价工作将在市政府的统一安排部署下，以区县为单位，本着"统一领导、客观公正、统筹推进和科学民主"的评价原则，由市政府以向社会力量购买服务的形式，委托社会信用服务机构、高等院校、科研院所等第三方机构具体组织开展。评价工作结束后，第三方机构将评价报告汇编成册，由市政府统一向各有关单位通报。

该方案规定，政务评价为每年一次，在 1 月至 3 月开展。评价流程包括信息采集、实地调查、初步评价、初评结果反馈，然后再进行复评、评价结果审核、评价报告信息上传等。最终评价结果可供组织和人社部门作为干部选拔任用的依据，同时也可供各区、县政府作为年度目标管理绩效考核参考。

该方案明确，泸州市将从诚信度、合规度、践约度三个维度对各区县所辖街道办事处和乡镇人民政府进行政务诚信评价，其评价指标体系包括 3 个一级指标、8 个二级指标和 14 个三级指标，总分值 100 分。另外，在诚信评价方面，如果有探索创新与突出贡献的，还将增加 10 分。

在评价过程中，如果基层政府存在不履行法院判决被列入失信被执行人的、发生恶意拖欠工程款或农民工工资等失信行为的、党风廉政建设存在问题的、辖区内发生较大及以上安全生产事故或出现环境保护突出问题的，诚信评价将被一票否决，总分直接为0分。

该方案实施后，各区县人民政府可通过建立政务诚信专项督导机制，每年对街道办事处及乡镇人民政府开展政务诚信评价，在改革试点、项目投资、社会管理等政策领域和绩效考核中应用政务诚信评价结果，有利于树立具有公信力、执行力的服务型政府形象，有效保障民生，增强人民群众对政府的信任感。

（六）荣成：政务诚信指数倒逼机关工作改进和干部作风转变

作为全国仅有的2家县级信用示范城市，山东荣成建立健全政务信用管理体系，出台了《荣成市区镇部门政务诚信管理评价办法》，上线运行“荣成市政务诚信考核网上管理平台”，确定了依法行政、信息公开、守诺践诺、勤政廉政、信用建设、失信惩戒、表彰奖励等7大项34小项的考核内容，每月组织16个牵头部门对区镇街、市直部门考核打分，平台实时算出评价结果，自动生成政务诚信指数并排名，各单位的诚信状况网上公开、一目了然。结果与各单位及主要负责人的信用分直接挂钩。通过阳光操作，倒逼机关工作改进和干部作风转变。

荣成市坚持信用既管民更管官，把党建工作与信用体系建设融会贯通，采用写实方式，记录党员干部的日常行为，小到交通违章大到违规违纪，都纳入信用档案实时记录、动态应用。比如，出台《在党员干部和“两代表一委员”管理中强化信用结果运用的意见》，在干部选拔、发展党员和“两代表一委员”推荐过程中，均把信用等级A级作为基本的准入门槛，达不到标准的，一律不予考虑，这样既把好了入口关，从源头上净化了干部队伍，又抓好了管理关，起到了“提领子、扯袖子”的效果。目前，信用管理已在干部队伍中全面推开。近年来，先后有18名党员干部因列入失信被执行人名单、受到党政纪处分等原因降为B级以下，取消提拔重用资格，有210多人被取消评先选优资格，有120多人被取消村级党组织成员候选人和“两代表一委员”推荐资格。同时，荣成市把信用体系建设作为推进“放管服”改革的重要突破口，正向推行“一窗式、一门式”审批，反向出台国家工作人员负面清单管理、党政机关首问负责制规定等制度，从强化正推倒逼入手，对所有可能影响到政务服务质量的各类因素进行规范，促进政府效能提速。相比2012年，荣成市行政审批事项减少了51%，非行政许可审批事项全部取消，办件时限比法定时限缩短了91%，被评为山东省投资环境最佳县市。

第四节　小结

作为社会信用体系建设的关键，政务诚信建设已经被纳入社会信用体系建设示范城市评审指标和城市信用状况监测预警指标。政务诚信建设是信用示范城市评审的关键指标之一。参评国家社会信用体系建设示范城市，必须重视政务诚信建设，而且要侧重于无政府失信事件、有公务员诚信档案、城市信用监测排名高等方面。从城市信用状况监测预警指标可以看出，政务诚信建设对城市信用状况排名影响较大，为了提升城市信用状况排名，地方政府应重视政务诚信建设，并应该从脱离政府失信被执行人、告别严重失信政务事件以及优化营商环境提升政务服务效率等方面加强政务诚信建设。

自国务院《关于加强政务诚信建设的指导意见》（国发〔2016〕76号）印发以来，各地结合当地实际加强政务诚信建设工作，探索出推进政务诚信建设的有益经验。其中：江苏将政务诚信建设评价纳入高质量发展考核指标，上海通过编制政务诚信“三清单”推进政务诚信建设，浙江开展政府机构公共信用评价加强政务诚信建设，陕西则通过印发政务诚信评价办法（试行）推进政务诚信建设，青海利用第三方评估与自查评估相结合加强政务诚信建设，河南启动政务诚信建设研究课题推动政务诚信建设。

部分信用示范城市在推进政务诚信建设方面也进行了积极探索。其中，杭州以政务诚信建设为引领打造最讲信用的城市，《南京市社会信用条例》专门明确政务诚信条款，苏州编制并发布了《政务信用信息归集目录（试行)》，郑州明确为营商环境营造良好的政务诚信环境，泸州率先试点乡镇（街道）政务诚信评价，荣成则通过政务诚信指数倒逼机关工作改进和干部作风转变。

第八章　政务诚信评价测度研究

本章重点梳理政务诚信评价的主要依据，并据此设计测度指标，试图对政务诚信进行评价。

政务诚信评价依据主要包括《社会信用体系建设规划纲要（2014—2020年）》（国发〔2014〕21号）和国务院《关于加强政务诚信建设的指导意见》（国发〔2016〕76号）。同时，涉及具体指标设计时还将列举具体依据文件。

根据前述主要依据，本文建议政务诚信评价重点从依法行政、政务公开、勤政高效、守信践诺和失信惩戒五个维度来设计具体指标。

第一节　政务诚信评价指标设计

（一）依法行政

根据《法治政府建设实施纲要（2015—2020年）》要求，县级以上地方各级政府每年第一季度要向同级党委、人大常委会和上一级政府报告上一年度法治政府建设情况，报告要通过报刊、政府网站等向社会公开。

《法治政府建设实施纲要（2015—2020年）》明确提出，推进行政决策科学化、民主化、法治化，实现行政决策制度科学、程序正当、过程公开、责任明确，决策法定程序严格落实，决策质量显著提高，决策效率切实保证，违法决策、不当决策、拖延决策明显减少并得到及时纠正，行政决策公信力和执行力大幅提升等目标。

《法治政府建设实施纲要（2015—2020 年）》明确提出，大力推行权力清单、责任清单、负面清单制度并实行动态管理。

国务院《关于加强政务诚信建设的指导意见》明确，各级人民政府和公务员要始终坚持依法治国、依法行政，切实履行法定职责必须为、法无授权不可为的要求。健全依法决策机制，将公众参与、专家论证、风险评估、合法性审查、合规性审核、集体讨论决定等作为重大决策的必经程序。

根据上述要求，依法行政指标可设计如表 19 所示。

表 19　　依法行政指标设计表

一级指标	二级指标	三级指标	四级指标
依法行政	科学民主决策	重大决策制度	—
		重大决策程序	公众参与
			专家论证
			风险评估
			合法性审查
			合规性审核
			集体讨论
	依法履职尽责	法治政府报告制度	—
		法定职责必须为	编制责任清单情况
		法无授权不可为	政府行政复议案件纠错情况
			政府行政诉讼案件败诉情况
			政府行政非诉案件被裁定不予执行情况

（二）政务公开

《中华人民共和国政府信息公开条例》（2019 修订）第四条规定，各级人民政府及县级以上人民政府部门应当建立健全本行政机关的政府信息公开工作制度，并指定机构负责本行政机关政府信息公开的日常工作。第十二条规定，行政机关编制、公布的政府信息公开指南和政府信息公开目录应当及时更新。第二十四条规定，各级人民政府应当加强依托政府门户网站公开政府信息的工作，利用统一的政府信息公开平台集中发布主动公开的政府信息。政府信息公开平台应当具备信息检索、查阅、下载等功能。第四十六条规定，各级人民政府应当建立健全政府信息公开工作考核制度、社会评议制度和责任追究制度，定期对政府信息公开工作进行考核、评议。第四十九条规定，县级以上人民政府部门应当在每年 1 月 31 日前向本级政府信息公开工作主管部门提交本行政机关上一年度政府信息公开工作年度报告并向社会公布。

根据《国务院办公厅关于运用大数据加强对市场主体服务和监管的若干意见》、国家发展改革委《关于认真做好行政许可和行政处罚等信用信息公示工作的通知》等文件要求：地方各级政府工作部门要在行政许可和行政处罚作出决定之日起 7 个工作日内在作出行政决定部门的门户网站进行公示，并同步将公示内容推送至省级政府门户网站。省级政府门户网站将相关信息推送至“信用中国”网站及其他综合性政务门户网站等。尚未建立相关信息系统或网站的部门和地方，可通过数据拷贝或建立数据接口等方式，与“信用中国”网站及其他综合性政务门户网站等保持数据报送与更新。

根据上述要求，政务公开指标可设计如表 20 所示。

表 20　　政务公开指标设计表

<table>
<tr><th>一级指标</th><th>二级指标</th><th>三级指标</th></tr>
<tr><td rowspan="9">政务公开</td><td rowspan="5">政务信息公开</td><td>政务公开专栏</td></tr>
<tr><td>政府信息公开指南</td></tr>
<tr><td>政府信息公开目录</td></tr>
<tr><td>信息公开制度建设</td></tr>
<tr><td>政务公开年度报告</td></tr>
<tr><td rowspan="2">“双公示”情况</td><td>“双公示”专栏</td></tr>
<tr><td>“双公示”更新情况</td></tr>
<tr><td rowspan="2">政府信息公开工作考评</td><td>政府信息公开工作考核</td></tr>
<tr><td>政府信息公开工作评议</td></tr>
</table>

（三）勤政高效

党的十八大以来，中央把推进“放管服”改革作为转变政府职能、深化行政体制改革的重要抓手，大力推进简政放权、放管结合、优化服务。随着政府监管方式由“事前审批”向“事中事后监管”的转变，审批制度改革也就逐渐进入了“深水区”，加强事中事后监管越来越成为深化“放管服”改革和推进政府职能转变的关键环节。2018 年 10 月 22 日国务院常务会议提出，建设“互联网 + 监管”系统，促进政府监管规范化、精准化、智能化。

《国务院办公厅关于加快推进社会信用体系建设构建以信用为基础的新型监管机制的指导意见》（国办发〔2019〕35 号）提出，按照依法依规、改革创新、协同共治的基本原则，以加强信用监管为着力点，创新监管理念、监管制度和监管方式，建立健全贯穿市场主体全生命周期，衔接事前、事中、事后全监管环节的新型监管机制，不断提升监管能力和水平，进一步规范市场秩序，优化营商环境，推动高质量发展。一是创新事前环节信用监管，建立健全信用承诺制度、探索开展经营者准入前诚信教育、积极拓展信用报告应用；二是加强事中环节信用监管，全面建立市场主体信用记录、建立健全信用信息自愿注册机制、深入开展公共信用综合评价、大力推进信用分级分类监管；三是完善事后环节信用监管，健全失信联合惩戒对象认定机制、督促失信市场主体限期整改、深入开展失信联合惩戒、坚决依法依规实施市场和行业禁入措施、依法追究违法失信责任、探索建立信用修复机制。

国务院《关于加强政务诚信建设的指导意见》明确，进一步优化行政流程，继续清理、削减和调整行政审批事项，推行网上服务、并联服务和服务质量公开承诺等措施，不断提高行政效率和水平。

根据上述要求，勤政高效指标可设计如表 21 所示。

表 21　　　　勤政高效指标设计表

一级指标	二级指标	三级指标	四级指标
勤政高效	简政放权	行政审批制度改革制度	—
		行政审批事项削减情况	—
		行政审批中介服务事项压减情况	—
	创新管理	健全信用监管	创新事前环节信用监管情况
			加强事中环节信用监管情况
			完善事后环节信用监管情况

续表

一级指标	二级指标	三级指标	四级指标
勤政高效	创新管理	其他管理创新	“双随机一公开”监管
			运用大数据技术创新监管
	优化服务	集约化服务	—
		“互联网+政务服务”实现率	—
		公共服务供给增加情况	—

（四）守信践诺

《社会信用体系建设规划纲要（2014—2020年）》明确提出，加快政府守信践诺机制建设。严格履行政府向社会作出的承诺，把政务履约和守诺服务纳入政府绩效评价体系，把发展规划和政府工作报告关于经济社会发展目标落实情况以及为百姓办实事的践诺情况作为评价政府诚信水平的重要内容，推动各地区、各部门逐步建立健全政务和行政承诺考核制度。各级人民政府对依法作出的政策承诺和签订的各类合同要认真履约和兑现。要积极营造公平竞争、统一高效的市场环境，不得施行地方保护主义措施，如滥用行政权力封锁市场、包庇纵容行政区域内社会主体的违法违规和失信行为等。要支持统计部门依法统计、真实统计。政府举债要依法依规、规模适度、风险可控、程序透明。政府收支必须强化预算约束，提高透明度。加强和完善群众监督和舆论监督机制。完善政务诚信约束和问责机制。各级人民政府要自觉接受本级人大的法律监督和政协的民主监督。加大监察、审计等部门对行政行为的监督和审计力度。

国务院《关于加强政务诚信建设的指导意见》明确，坚持守信践诺。将公平正义作为政务诚信的基本准则，在行政管理和公共服务的各领域贯彻公平正义原则。各级人民政府和公务员要清正廉洁，恪尽职守，敢于担当。要建立健全守信践诺机制，准确记录并客观评价各级人民政府和公务员对职权范围内行政事项以及行政服务质量承诺、期限承诺和保障承诺的履行情况。各级人民政府在债务融资、政府采购、招标投标等市场交易领域应诚实守信，严格履行各项约定义务，为全社会作出表率。加强政府采购领域、政府和社会资本合作领域、招标投标领域、招商引资领域、地方政府债务领域以及街道和乡镇等重点领域政务诚信建设。建立健全政务信用管理体系。加强公务员诚信教育。以社会主义核心价值观为引领，深入开展公务员诚信、守法和道德教育，编制公务员诚信手册，将信用建设纳入公务员培训和领导干部进修课程，加强公务员信用知识学习，提升公务员信用意识。健全守信激励与失信惩戒机制。社会信用体系建设部际联席会议有关成员单位联合开展区域政务诚信状况评价，在改革试点、项目投资、社会管理等政策领域和绩效考核中应用政务诚信评价结果。对存在政务失信记录的公务员，按照相关规定采取限制评优评先等处理措施。各地区各部门要切实加强对政务诚信建设工作的组织领导，按照职责分工，研究出台工作方案和实施办法，做好本地区本部门政务诚信建设工作。逐步建立和完善政务诚信建设法规规范。鼓励有条件的地方出台政务诚信建设地方性法规。

根据上述要求，守信践诺指标可设计如表 22 所示。

表 22　　守信践诺指标设计表

一级指标	二级指标	三级指标	四级指标
守信践诺	守信践诺机制	开展政务诚信承诺	—
		守信践诺机制	—
	目标责任落实	政府工作报告目标实现	—
		年度工作任务完成率	—
		政府决定事项落实情况	—
		发展规划落实情况	—
	政策承诺兑现	招商引资政策兑现情况	—
		惠民政策兑现情况	—
	合同协议履行情况	重点领域政府履约情况	政府采购领域
			政府和社会资本合作领域
			招标投标领域
			招商引资领域
			地方政府债务领域
			街道和乡镇
			其他领域
	建立健全政务信用管理体系	加强公务员诚信教育	—
		健全守信激励机制	—
		加强组织领导	—
		法规制度建设	地方性法规情况
			工作方案和实施措施

（五）失信惩戒

国务院《关于加强政务诚信建设的指导意见》明确，探索构建广泛有效的政务诚信监督体系。一是建立政务诚信专项督导机制。上级人民政府要定期对下级人民政府进行政务诚信监督检查，实施政务诚信考核评价，考评结果作为对下级人民政府绩效考核的重要参考。二是建立横向政务诚信监督机制。各级人民政府要依法接受同级人大及其常委会的监督，接受人民政协的民主监督，将办理和落实人大代表建议、政协委员提案的情况作为政务诚信建设的重要考量因素。三是建立社会监督和第三方机构评估机制。发挥社会舆论监督作用，畅通民意诉求渠道，对政务失信行为进行投诉举报。实施区域政务诚信大数据监测预警。支持信用服务机构、高校及科研院所等第三方机构对各地区各部门开展政务诚信评价评级并及时公布结果，加强社会监督。

建立健全政务失信记录。将各级人民政府和公务员在履职过程中，因违法违规、失信违约被司法判决、行政处罚、纪律处分、问责处理等信息纳入政务失信记录。由各级社会信用体系建设牵头部门负责政务失信记录的采集和公开，将有关记录逐级归集至全国信用信息共享平台和各地方信用信息共享平台。同时，依托"信用中国"网站等依法依规逐步公开各级人民政府和公务员政务失信记录。

健全失信惩戒机制。各级人民政府存在政务失信记录的，要根据失信行为对经济社会发展造成的损失情况和社会影响程度，对具体失信情况书面说明原因并限期加以整改，依规取消相关政府部门参加各类荣誉评选资格，予以公开通报批评，对造成政务失信行为的主要负责人依法依规追究责任。

健全信用权益保护和信用修复机制。完善政务信用信息保护机制，按照法律法规规定采集各级人民政府和公务员政务失信记录。建立健全信用信息异议、投诉制度，探索扩展公务员失信记录信用修复渠道和方式。建立自我纠错、主动自新的关爱机制，公务员在政务失信行为发生后主动挽回损失、消除不良影响或者有效阻止危害结果发生的，可从轻或免予实施失信惩戒措施。

根据上述要求，失信惩戒指标可设计如表 23 所示。

表 23　　　　失信惩戒指标设计表

失信惩戒	政务诚信监督体系	建立政务诚信专项督导机制
		建立横向政务诚信监督机制
		建立社会监督和第三方机构评估机制
	建立健全政务信用管理体系	建立健全政务失信记录
		健全失信惩戒机制
		健全信用权益保护和信用修复机制

将上述五大一级指标汇总可形成政务诚信评价指标体系如图 13 所示。

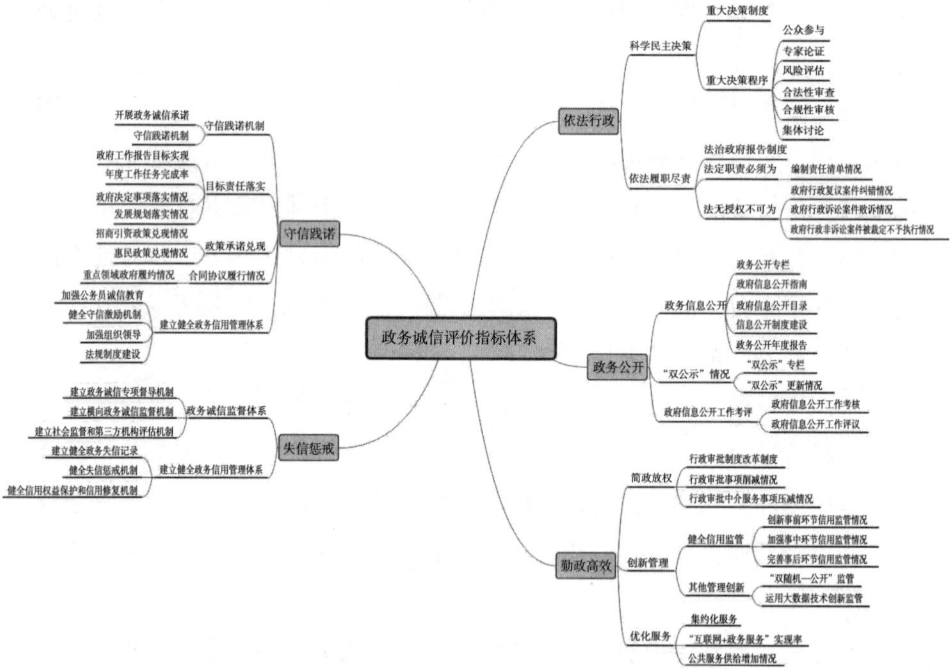

图 13　政务诚信评价指标体系示意图

具体指标和指标评价细则如表 24 所示。

表 24　政务诚信评价具体指标和指标评价细则

一级指标	二级指标	三级指标	四级指标	指标评价细则	信息来源
依法行政	科学民主决策	重大决策制度	—	制定重大决策制度性文件	公开信息
		重大决策程序	公众参与	涉及群众切身利益或各方面存在较大意见分歧的重大决策事项，出台前采取召开座谈会、听证会、问卷调查、公开征求意见等便于社会公众参与的方式充分听取意见	受评政府提供
			专家论证	涉及专业性、技术性较强的重大决策事项，出台前召开专家论证会	
			风险评估	涉及可能对社会稳定、公共安全等方面造成不利影响的重大决策事项，出台前组织开展风险评估工作	
			合法性审查	重大决策出台前进行合法性审查	
			合规性审核	重大决策出台前进行合规性审核	
			集体讨论	重大决策出台前经常委会、政府行政办公会讨论并制作会议记录	
	依法履职尽责	法治政府报告制度	—	编制并发布《法治政府建设工作报告》	公开信息
		法定职责必须为	编制责任清单情况	编制并发布政府权力责任清单	公开信息
		法无授权不可为	政府行政复议案件纠错情况	未出现政府行政复议案件纠错情况	司法部门
			政府行政诉讼案件败诉情况	未出现政府行政诉讼案件败诉情况	法院部门
			政府行政非诉案件被裁定不予执行情况	未出现政府行政非诉案件被裁定不予执行情况	

续表

一级指标	二级指标	三级指标	四级指标	指标评价细则	信息来源
政务公开	政务信息公开	政务公开专栏	—	在政府网站开设政务公开专栏	公开信息
		政府信息公开指南	—	在政务公开专栏能够查询到政府信息公开指南	
		政府信息公开目录	—	在政务公开专栏能够查询到政务信息公开目录	
		信息公开制度建设	—	在政务公开专栏能够查询到信息公开制度建设	
		政务公开年度报告	—	在政务公开专栏能够查询到政务公开年度报告	
	“双公示”情况	“双公示”专栏	—	在“信用中国”地方门户网站首页设有双公示专栏	
		“双公示”更新情况	—	在“双公示”专栏及时更新“双公示”信息（7天内）	
	政府信息公开工作考评	政府信息公开工作考核	—	建立政府信息公开工作考核制度	受评政府提供
		政府信息公开工作评议	—	引入第三方开展政府信息公开工作社会评议	
勤政高效	简政放权	行政审批制度改革制度	—	出台行政审批制度改革制度	受评政府提供
		行政审批事项削减情况	—	行政审批事项削减明显	
		行政审批中介服务事项压减情况	—	行政审批中介服务事项压减明显	
	创新管理	健全信用监管	创新事前环节信用监管情况	建立健全信用承诺制度	受评政府提供
				探索开展经营者准入前诚信教育	
				积极拓展信用报告应用，在政府采购、招标投标、行政审批、市场准入、资质审核等事项中，充分发挥公共信用服务机构和第三方信用服务机构出具的信用报告	

续表

一级指标	二级指标	三级指标	四级指标	指标评价细则	信息来源
勤政高效	创新管理	健全信用监管	加强事中环节信用监管情况	全面建立市场主体信用记录	受评政府提供
				建立健全信用信息自愿注册机制	
				深入开展公共信用综合评价	
				大力推进信用分级分类监管	
			完善事后环节信用监管情况	健全失信联合惩戒对象认定机制	
				督促失信市场主体限期整改	
				深入开展失信联合惩戒	
				坚决依法依规实施市场和行业禁入措施	
				依法追究违法失信责任	
				探索建立信用修复机制	
		其他管理创新	“双随机一公开”监管	推动落实“双随机一公开”监管制度并达到合格以上评价；及时向省信用信息平台报送双随机抽查结果信息	市场监管部门提供
			运用大数据技术创新监管	在城市管理/市场监管/社会治理中，建立大数据监管平台或者引入第三方机构提供大数据监管服务	受评政府提供
	优化服务	集约化服务	—	建立政务服务大厅实现“一站式”政务服务	
		“互联网＋政务服务”实现率	—	行政审批网上实现率80%（含）以上	
		公共服务供给增加情况	—	公共服务供给增加明显	

续表

一级指标	二级指标	三级指标	四级指标	指标评价细则	信息来源
守信践诺	守信践诺机制	开展政务诚信承诺	—	实施政务诚信承诺	公开信息
		守信践诺机制	—	出台政府守信践诺机制	
	目标责任落实	政府工作报告目标实现	—	政府工作报告目标完成90%（含）以上	受评政府提供
		年度工作任务完成率	—	年度工作要点完成率90%（含）以上	
		政府决定事项落实情况	—	上级和本级政府决定事项全面落实	
		发展规划落实情况	—	完成发展规划设定目标	
	政策承诺兑现	招商引资政策兑现情况	—	不得出现招商引资政策不履行和不兑现情况	
		惠民政策兑现情况	—	不得出现惠民政策不履行和不兑现情况	
	合同协议履行情况	重点领域政府履约情况	政府采购领域	建立政府采购方面的政务诚信责任制	
			政府和社会资本合作领域	强化政府有关部门责任，建立政府和社会资本合作失信违约记录	
			招标投标领域	健全招标投标信用信息公开和共享制度，提高政务信息透明度	
			招商引资领域	规范地方人民政府招商引资行为，认真履行依法作出的政策承诺和签订的各类合同、协议	
			地方政府债务领域	建立地方人民政府信用评级制度，强化地方政府债务预算约束，建立地方政府债务风险评估和预警机制	
			街道和乡镇	建立街道和乡镇公开承诺制度	

续表

一级指标	二级指标	三级指标	四级指标	指标评价细则	信息来源
守信践诺	合同协议履行情况	重点领域政府履约情况	其他领域	其他领域有政务诚信工作亮点	受评政府提供
	建立健全政务信用管理体系	加强公务员诚信教育	—	出台加强公务员诚信建设制度；编制公务员诚信手册；将信用建设纳入公务员培训和领导干部进修课程	
		健全守信激励机制	—	开展区域政务诚信状况评价，在改革试点、项目投资、社会管理等政策领域和绩效考核中应用政务诚信评价结果	
		加强组织领导	—	建立政务诚信建设工作组织领导机制	
		法规制度建设	地方性法规情况	出台政务诚信建设地方性法规	
			工作方案和实施措施	研究出台推进政务诚信建设工作方案	
				研究确定并出台推进政务诚信建设实施办法和具体措施	
失信惩戒	政务诚信监督体系	建立政务诚信专项督导机制	—	实施政务诚信考核评价；政务诚信考评结果作为对下级人民政府绩效考核重要参考	受评政府提供
		建立横向政务诚信监督机制	—	办理和落实人大代表建议情况，由地方人大给予评价；办理和落实政协委员提案情况，由地方政协给予评价	地方人大、政协评价

续表

一级指标	二级指标	三级指标	四级指标	指标评价细则	信息来源
失信惩戒	政务诚信监督体系	建立社会监督和第三方机构评估机制	—	开通政务失信行为投诉举报渠道；实施区域政务诚信大数据监测预警；委托第三方机构开展政务诚信评价	受评政府提供
	建立健全政务信用管理体系	建立健全政务失信记录	—	将违法违规、失信违约被司法判决、行政处罚、纪律处分、问责处理等信息纳入政务失信记录；政务失信记录归集至信用信息共享平台；依托“信用中国”网站等依法依规逐步公开各级人民政府和公务员政务失信记录	
		健全失信惩戒机制	—	对造成政务失信行为的主要负责人依法依规追究责任	
		健全信用权益保护和信用修复机制	—	完善政务信用信息保护机制；探索扩展公务员失信记录信用修复渠道和方式	

第二节　政务诚信评价方法和结果应用

（一）政务诚信评价方法

政务诚信信用评价指标体系的建立，要符合客观事实，能正确反映政府信用等级的真实面貌。这就要求所使用的计算方法秉着公正的态度进行客观的评价，以事实为依据，绝不根据个人爱好，任意改变指标项目、计算方法和评价标准。

根据前述指标评价细则，可以分别计算出政务诚信五个一级指标依法行政、政务公开、勤政高效、守信践诺和失信惩戒的得分。如图 14 所示。

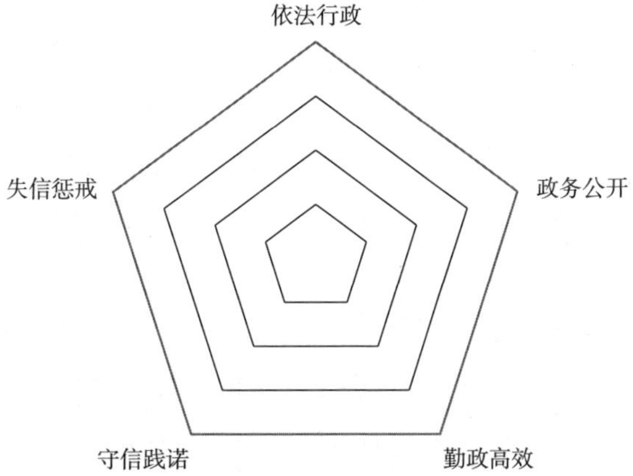

图 14　简单加权平均法计算政务诚信示意图

假定这五个一级指标分别记为 x_1, x_2, x_3, x_4, x_5，其在政务诚信评价中的权重分别为 f_1, f_2, f_3, f_4, f_5，则政务诚信得分 g 为

$$g = \sum_{i=1}^{5} x_i \times f_i$$

（二）政务诚信评价结果应用

政务诚信评价结果可在以下应用场景中进行探索应用：

（1）在改革试点、项目投资、社会管理等政策领域和绩效考核中应用政务诚信评价结果。

（2）在评优评先、职务晋升中查询公务员信用评价结果。

（3）取消存在失信行为政府部门参加各类荣誉评选资格，予以公开通报批评，对造成政务失信行为的主要负责人依法依规追究责任。

（4）将政务诚信作为城市信用状况监测的重要考核因素。

（5）把政府和公务员政务诚信建设纳入政府绩效考核，实行年度政务诚信状况考评。

第三节　小结

政务诚信评价依据主要包括《社会信用体系建设规划纲要（2014—2020年）》（国发〔2014〕21号）和国务院《关于加强政务诚信建设的指导意见》（国发〔2016〕76号）。根据前述政务诚信评价主要依据，本文建议政务诚信评价重点从依法行政、政务公开、勤政高效、守信践诺和失信惩戒五个维度来设计具体指标。

政务诚信评价方法可采用最简单的加权平均法。根据指标评价细则，可以分别计算出政务诚信五个一级指标依法行政、政务公开、勤政高效、守信践诺和失信惩戒的得分，进而可计算出政务诚信得分。

政务诚信评价结果可在以下应用场景中进行探索应用：（1）在改革试点、项目投资、社会管理等政策领域和绩效考核中应用政务诚信评价结果；（2）在评优评先、职务晋升中查询公务员信用评价结果；（3）取消存在失信行为政府部门参加各类荣誉评选资格，予以公开通报批评，对造成政务失信行为的主要负责人依法依规追究责任；（4）将政务诚信作为城市信用状况监测的重要考核因素；（5）把政府和公务员政务诚信建设纳入政府绩效考核，实行年度政务诚信状况考评。

第九章　推进政务诚信建设建议

尽管目前我国政务诚信建设取得积极进展，但整体来看，政务诚信建设水平与党中央、国务院的要求还有很大差距，建议进一步加强顶层设计，建立政务诚信建设长效机制；同时，建议地方结合当地实际有针对性地推进政务诚信相关工作，提升政务诚信水平。

第一节　构建政务诚信建设长效机制建议

（一）加快推进政务诚信相关法律立法进程

加快推进包括《社会信用法》《信息公开法》等政务诚信相关法律的立法进程，加快出台相关配套制度文件。逐步建立和完善政务诚信建设法规制度，指导各地政府和各部门加强依法行政、政务公开、勤政高效、守信践诺、失信惩戒等方面的制度建设，为政务诚信建设提供良好的制度体系支撑。

根据2020年《全国人民代表大会常务委员会工作报告》，十三届全国人大二次会议主席团交付有关专门委员会审议的制定社会信用法议案涉及的立法项目已列入立法工作计划，标志着社会信用法立法项目提上日程。2020年3月31日，国家发改委发布的《国家发展改革委2019年度推进法治政府建设进展情况》报告显示，2020年国家发改委将加快起草《社会信用法》。2020年5月18日，新华社授权播发的《中共中央　国务院关于新时代加快完善社会主义市场经济体制的意见》明确提出，修订反垄断法，推动社会信用法律建设，维护公平竞争市场环境。

建议《社会信用法》起草制定过程中，进一步明确政务诚信在社会信用体系建设中的关键作用，同时加快《社会信用法》立法进度，尽早提请全国人大常委会审议。

此外，目前我国已有《政府信息公开条例》，该条例的法律效力尚不足以应对当前社会对信息公开和数据开放的需要，也不足以支撑十九大报告提出的保障人民知情权的要求。因此，建议将其升级为《政府信息公开法》，并明确它是一部统一的关于政务公开的基本法，是一个全流程、全领域、全口径的信息公开和数据开放方面的基本法。这样可以通过法律形式，将履行公共权力的机构信息公开的职责、义务明确化和法定化。

2019 年 3 月，全国两会期间，全国人大代表、上海财经大学公共经济与管理学院院长刘小兵教授提交了一份《关于制定〈中华人民共和国信息公开法〉的议案》，获得了上海代表团 30 位代表委员联合署名。

建议把《信息公开法》的制定工作纳入到全国人大的立法规划中，并明确其为政务公开、信息公开和数据开放方面的基本法。这样一来，政务诚信建设也将有法可依。

（二）将政务诚信作为“十四五”时期社会信用体系建设规划的重中之重

对“十三五”时期地方政务诚信建设情况进行回顾总结，将政务诚信作为“十四五”时期社会信用体系建设规划的重中之重。

我国《社会信用体系建设规划纲要（2014—2020 年）》将政务诚信摆在四大领域诚信建设的首要位置，指出：“政务诚信是社会信用体系建设的关键，各类政务行为主体的诚信水平，对其他社会主体诚信建设发挥着重要的表率和导向作用。”建议对“十三五”时期地方政务诚信建设情况进行回顾总结，对不足之处进行梳理分析；将政务诚信作为“十四五”时期社会信用体系建设规划的重中之重，并结合实际情况研究政务诚信相关制度与实施方案。

同时，建议加强地方政务诚信建设，由国家层面组织创建政务诚信建设试点示范城市。2018 年 1 月，国家发展改革委办公厅、人民银行办公厅发布《关于印发首批社会信用体系建设示范城市名单的通知》，确定杭州市、南京市、厦门市、成都市、苏州市、宿迁市、惠州市、温州市、威海市、潍坊市、义乌市、荣成市等 12 个城市为社会信用体系建设示范城市；2019 年 8 月，确定青岛市、武汉市、鞍山市、上海市浦东新区、上海市嘉定区、无锡市、合肥市、淮北市、芜湖市、安庆市、福州市、莆田市、郑州市、宜昌市、咸宁市、泸州市等 16 个城市（区）为第二批社会信用体系建设示范城市（区）。政务诚信建设试点示范工作可以要求上述城市先行开展，同时也鼓励其他城市积极创建政务诚信建设试点示范。

第二节　地方推进政务诚信建设工作建议

（一）出台政务诚信顶层设计文件

参考国务院《关于加强政务诚信建设的指导意见》和所在省份出台的关于加强政务诚信建设的指导意见，结合当地实际情况，出台具有本地特色的政务诚信顶层设计文件，通常包括《关于加强政务诚信建设的指导意见》和《〈关于加强政务诚信建设的指导意见〉重点任务及进度安排》等。其中：

《关于加强政务诚信建设的指导意见》从重要意义、总体要求、政务诚信监督体系、政务信用管理体系、重点领域政务诚信建设以及保障措施等方面展开，这是地方推进政务诚信建设的纲领性文件。

《〈关于加强政务诚信建设的指导意见〉重点任务及进度安排》如表 25所示。

表 25 《关于加强政务诚信建设的指导意见》重点任务及进度安排分工建议表

序号	工作任务	负责单位
1	加强公务员诚信教育	组织部门
2	建立健全政务失信记录	信用建设牵头部门、法院、检察院、纪检监察、人社、组织等部门
3	健全守信激励与失信惩戒机制	信用建设牵头部门
4	健全信用权益保护和信用修复机制	信用建设牵头部门、法制、组织部门
5	加强政府采购领域政务诚信建设	财政、发改等部门
6	加强政府和社会资本合作领域政务诚信建设	发改、财政等部门
7	加强招标投标领域政务诚信建设	发改、财政等部门
8	加强招商引资领域政务诚信建设	商务等部门
9	加强地方政府债务领域政务诚信建设	财政等部门
10	加强街道和乡镇政务诚信建设	民政等部门
11	加强法规制度建设	法制部门、信用建设牵头部门

（二）建立政务诚信公开承诺机制

建议建立政务诚信公开承诺机制，各级政府及其工作部门以政府工作报告提出的主要服务事项和利民便企为重点，以坚持依法行政、政务公开、勤政高效、守信践诺和失信惩戒等为主要内容，结合各自职责依法依规向社会做出公开承诺，经主要负责人签发后通过政府网站、信用网站等多渠道公示，接受社会监督。

（三）编制政务诚信信息归集目录

建议编制政务诚信信息归集目录，建立信用信息归集共享机制，加快推进政务诚信信息系统建设。编制政务诚信信息目录，确定政务诚信信息共享方式，做好政务诚信信息归集、共享、应用全流程管理，保障信息完整、准确、有效、安全。依托信用信息共享平台建立政务诚信档案，多渠道归集整合政务诚信信息，将各级政府、部门和公务员在履行职责和各类经济社会活动中违法违规、司法判决、纪律处分、问责处理等信息纳入政务失信记录。各级有关部门要及时将本部门在履行职责和公务员管理工作中形成的政务诚信信息上传至信用信息平台。

（四）建立政务诚信评价督导机制

建议建立政务诚信评价督导机制，完善政务诚信评价标准和指标体系，加强社会共治，充分发挥社会公众、行业协会、新闻媒体等各方力量，强化对政务诚信建设的社会参与、社会评价和社会监督，委托第三方机构对地方政务诚信状况进行定期评估，分批分期对政府采购、政府和社会资本合作、招标投标、招商引资、地方政府债务、街道和乡镇等重点领域政务诚信建设情况开展专项调查，评价和调查结果作为政府部门年度目标责任考核的重要参考，及时提示督促地方补齐短板，提升依法行政、政务公开、勤政高效和守信践诺水平。参照“精准扶贫交叉检查”方式，围绕政务诚信评价指标，采用“飞行检查”和“背靠背检查”等方式开展政务诚信督导。

（五）建立政务失信专项治理机制

建议建立政务失信专项治理机制，全面排查梳理各级政府、各有关部门、相关事业单位和基层自治组织对市场主体的失信事项，列出失信政府机构名单，重点对政府承诺不兑现、拒不执行法院判决、拖欠民企账款、新官不理旧账等失信问题开展专项治理，督促失信政府机构限期整改，消除不良影响。

（六）开展政务诚信状况监测预警

建议开展政务诚信状况监测预警，实施政务诚信大数据监测，依托信用信息共享平台，运用大数据技术对各地区、各行业和重点领域政务诚信状况进行常态化监测、多维度评价和可视化展现，对各类政务失信行为进行统计分析，为各级政府、各有关部门加强政务诚信建设提供支撑。

（七）探索政务诚信评价结果应用

建议探索政务诚信评价结果应用，专门出台文件明确：在改革试点、项目投资、社会管理等政策领域和绩效考核中应用政务诚信评价结果；在评优评先、职务晋升中查询公务员信用评价结果；取消存在失信行为政府部门参加各类荣誉评选资格，予以公开通报批评，对造成政务失信行为的主要负责人依法依规追究责任；把政务诚信建设评价结果纳入政府绩效考核等。同时，及时对政务诚信评价结果应用进行总结并据此对应用场景进行动态更新。

（八）大力开展政务诚信宣传教育

持续加强诚信教育培训力度，将政务诚信纳入各级党校（行政学院）专题研讨班，进一步提高领导干部政务诚信素养，加快编制公务员诚信手册，制定年度公务员诚信教育培训计划，深入开展公务员诚信、守法和道德教育，加强法律知识和信用知识学习，增强公务员守法诚信意识，不断提升公务员诚信履职能力，塑造公务员“模范守信、带头守信”的良好形象。

第三节　小结

本章从构建政务诚信建设长效机制和推进政务诚信建设工作两个方面提出了建议，具有一定的参考价值。

在推进政务诚信建设长效机制方面，本章建议：一是加快推进包括《社会信用法》《信息公开法》等政务诚信相关法律的立法进程，加快出台相关配套制度文件；二是对“十三五”时期地方政务诚信建设情况进行回顾总结，将政务诚信作为“十四五”时期社会信用体系建设规划的重中之重。

在地方推进政务诚信建设工作方面，本章建议：一是出台包括《关于加强政务诚信建设的指导意见》和《〈关于加强政务诚信建设的指导意见〉重点任务及进度安排》等在内的政务诚信顶层设计文件；二是建立政务诚信公开承诺机制；三是编制政务诚信信息归集目录，建立信用信息归集共享机制，加快推进政务诚信信息系统建设；四是建立政务诚信评价督导机制；五是建立政务失信专项治理机制；六是开展政务诚信状况监测预警，实施政务诚信大数据监测，为各级政府、各有关部门加强政务诚信建设提供支撑；七是探索政务诚信评价结果应用；八是大力开展政务诚信宣传教育。

参考文献

［1］［法］孟德斯鸠．论法的精神［M］．张雁深译．北京：商务印书馆，1961.

［2］［德］黑格尔法．哲学原理［M］．范扬、张企泰译．北京：商务印书馆，1971.

［3］［古希腊］亚里士多德．政治学［M］．吴寿彭译．北京：商务印书馆，1965.

［4］［古希腊］柏拉图．理想国［M］．郭斌和、张竹明译．北京：商务印书馆，1986.

［5］［古希腊］马基雅维利．君主论［M］．潘汉典译．北京：商务印书馆，1985.

［6］［美］古德诺．政治与行政［M］．王元译．北京：华夏出版社，1987.

［7］［英］亚当·斯密．道德情操论［M］．蒋自强等译．北京：商务印书馆，1997.

［8］［英］洛克．政府论［M］．刘晓根译，北京：北京出版社，2007.

［9］［法］卢梭．社会契约论［M］．何兆武译，北京：商务印书馆，2003.

［10］章政等．中国信用发展报告（2014～2015）［M］．北京：社会科学文献出版社，2015.

［11］钱华．当前我国政府信用研究［D］．南京：河海大学，2006.

［12］李雅黇．当前我国政务诚信缺失现状及对策研究［D］．郑州：郑州轻工业学院，2016.

［13］杨琼．地方政府诚信系统结构及其评价体系研究［D］．湘潭：湘潭大学，2018.

［14］徐光超．地方政府政务诚信评价指标体系的构建与完善［J］．河南农业，2013（10）．

［15］袁新峰．关于政务诚信与社会信用体系建设关系的思考［J］．征信，2013（5）．

［16］范根平．国内政务诚信研究综述［J］．教育教学论坛，2017（3）．

［17］曹继明．论政务诚信［D］．成都：四川师范大学，2013.

［18］王云．我国政府诚信建设研究［D］．保定：河北大学，2017.

［19］齐春艳．我国政府公信力为建设的影响因素及对策建议［D］．西安：西北大学，2016.

［20］谢志新．西方政务诚信的外在制约与内在提升［J］．苏州科技学院学报（社会科学版），2016（6）．

［21］赵晖．信用管理在政府治理模式转型中的应用研究——以上海地方政府为例［D］．上海：上海交通大学，2014.

［22］蔡宗溢．政府诚信建设的法治路径选择——以江苏省为例［J］．法制与社会，2017（6）．

［23］孙科．政府诚信问题研究［D］．洛阳：河南科技大学，2018.

［24］张润泽、范根平．政务诚信的基本内涵及其建设路径［J］．信阳师范学院学报（哲学社会科学版），2017（2）．

［25］陈建斌、李芬芬．政务诚信的三重境界［J］．云南社会科学，2014（2）．

［26］李艳．政务诚信建设的本质、价值取向及其实现路径［J］．求索，2014（5）．

［27］范根平．政务诚信建设的路径研究［D］．长沙：湖南师范大学，2015.

［28］李芬芬．政务诚信评价论［D］．湘潭：湘潭大学，2014.

［29］阮博．政务诚信研究：一个文献综述［J］．重庆社会科学，2013（12）．

［30］李津燕、张珣．政务诚信与政府公信力提升路径［J］．学习月刊，2018（12）．

［31］陈翠玉．中西诚信传统比较及其对我国政务诚信建设的启示［J］．北方法学，2019（1）．

［32］周威．警惕政府公信力“塔西佗陷阱”以政务诚信引领社会诚信［J］．征信，2018（5）．

［33］喻婷．公共危机管理视角下地方政府公信力问题研究［D］．南昌：南昌大学，2015.

［34］李昕．公共危机管理中政府公信力建设研究［D］．太原：山西财经大学，2018.

［35］尹梦宇．我国地方政府公信力研究［D］．郑州：郑州大学，2012.

［36］谢平楼．公仆理论与仆从领导理论比较分析［J］．当代经济，2016（12）．

［37］姬莹．马克思主义“社会公仆”理论的研究［D］．南京：南京师范大学，2012.

［38］马尔．马克思主义的社会公仆理论与实践［J］．广西大学学报（哲学社会科学版），1990（5）．

［39］王新民．马克思主义社会公仆理论初探［J］．河北学刊，1992（3）．

［40］祝全永．马克思主义政府服务观理论与实践探析［J］．湖北社会科学，2008（3）.

［41］李小俊．社会主义契约伦理对公仆意识的解读［D］．太原：山西大学，2006.

［42］李宏图．试论公仆理论的形成与发展［J］．史学集刊，1993（3）．

［43］段晓丹．习近平公仆思想研究［D］．长沙：长沙理工大学，2017.

［44］樊晶晶．习近平新时代公仆论述研究述评［J］．中共合肥市委党校学报，2019（4）．

［45］姜庆华．系统探索马克思主义公仆理论的力作——评傅如良著《列宁的公仆理论与当代中国》［J］．湖南经济，2001（9）．

［46］邓集文．政府服务的理论基础——马克思主义维度［J］．金陵科技学院学报（社会科学版），2005（6）．

［47］阮博．政务诚信的理论确证［J］．内蒙古社会科学（汉文版），2025（1）．

［48］赵振增、王浩．博弈论视角下的社会诚信问题研究［J］．科技创业月刊，2011（2）．

［49］何怡平、刘平．博弈论视角下政府信息公开制度的探讨——基于囚徒困境博弈模型［J］．哈尔滨学院学报，2015（3）．

［50］何建春．诚信缺失的博弈论解释［J］．郑州轻工业学院学报（社会科学版），2004（11）．

［51］张欣．打造透明政府　重树政府诚信——政府诚信危机及其对策研究［J］．中共贵州省委党校学报，2005（3）．

［52］隋文娟．基于“互联网＋政务”背景下政府诚信的实现路径研究［D］．青岛：青岛大学，2017.

［53］党翔宇．基于政府绩效评估的地方政府公信力研究［D］．西安：西安建筑科技大学，2017.

［54］付晓霞．论政府诚信体系建设［D］．烟台：烟台大学，2014.

［55］李联，刘省．社会契约视角下政务诚信的内涵与要求解读［J］．中国市场，2014（24）．

［56］赵耘．我国地方政府信用建设研究［D］．乌鲁木齐：新疆大学，2008.

［57］李婷婷．我国基层政府失信行为治理研究［D］．长春：吉林财经大学，2018.

［58］李燕．我国社会信用体系建设“低水平均衡陷阱”现象与对策研究［J］．征信，2015（12）．

[59] 王官喆．我国社会转型期政府公信力的流失与重塑［D］．济南：山东大学，2013.

[60] 谢志新．西方政务诚信研究［D］．苏州：苏州科技大学，2017.

[61] 戴瑜宏．新媒体视角下地方政府公信力研究［D］．长沙：湖南大学，2014.

[62] 任慧敏．信息公开对政府公信力建设的影响研究［D］．长沙：中南大学，2012.

[63] 龙海波．信用政府的建构：社会资本与政府信用的关系视角［D］．杭州：浙江大学，2012.

[64] 段林森．政府公信力建设的对策研究［D］．青岛：青岛大学，2014.

[65] 林尧鹏．政府公信力危机及对策研究——以广州市政府“号文”事件为例［D］．福州：福建师范大学，2014.

[66] 范根平．政务诚信建设的路径探索［J］．大理大学学报，2017（1）．

[67] 涂永珍．诚信文化视角下我国政务诚信建设的法理思考［J］．征信，2012（3）．

[68] 胡涤非．地方政府公信力及其影响因素研究——基于广州市的调查［D］．广州：暨南大学，2015.

[69] 王花．我国政府信用的缺失与治理对策研究［D］．西安：西北大学，2008.

[70] 谢志新．西方政务诚信的外在制约与内在提升［J］．苏州科技学院学报（社会科学版），2016（11）．

[71] 宋长青、王军生．论地方政府公信力评价指标体系的构建及其应用［J］．征信，2018（4）．

[72] 吴晶妹、崔萌、孔德超．新时代的政府信用评价研究：一个全新视角的综述与展望——基于 wu’s 三维信用论［J］．现代管理科学，2018（4）．

[73] 刘一．政府诚信评价指标体系构建［D］．北京：中共中央党校，2014.

[74] 张思浜．政务诚信的评价指标及其实证研究——以苏州某区行政服务中心为例［J］．苏州科技学院学报（社会科学版），2016（11）．

[75] 李清彬．政务诚信评价问题研究［J］．中国物价，2019（1）．

[76] 卢汉桥、郑洁．政务失信风险“清单式”管理的拓新路径——佛山市“政务诚信征信目录”编制的探索和启示［J］．广州大学学报（社会科学版），2015（4）．

[77] 王田田．积极推进政务诚信体系建设［N］．光明日报，2013－04－14.

[78] 吴晶妹、崔萌．政务诚信在社会信用建设中引领作用的经济学分析——基于二元信用结构的视角［J］．现代管理科学，2017（10）．

［79］程倩．寻找政务诚信建设的新视角［J］．社会科学研究，2014（2）．

［80］高敏．区域营商环境差异的基本逻辑［J］．中国工业和信息化，2018（10）．

［81］埃里克·尤斯拉纳，张敦敏译．信任的道德基础［M］．北京：中国社会科学出版社，2006.

［82］博·罗斯坦，蒋小虎译．政府质量——执政能力与腐败、社会信任和不平等［M］．北京：新华出版社，2012.

［83］晓彦．聚焦上海：努力打造国际一流营商环境——坚定不移把优化营商环境向纵深推进系列评论之一［N］．文汇报，2020－01－03.

［84］晓彦．一项跨部门跨区域跨层级的系统工程——坚定不移把优化营商环境向纵深推进系列评论之二［N］．文汇报，2020－01－04.

［85］周锦尉．刀刃向内，以核心环节突破带动整体水平提升——坚定不移把优化营商环境向纵深推进系列评论之三［N］．文汇报，2020－01－05.

［86］薛泽林．牵好“一网通办”这个“牛鼻子”——坚定不移把优化营商环境向纵深推进系列评论之四［N］．文汇报，2020－01－06.

［87］汤蕴懿．以企业集聚度、活跃度、感受度作为衡量标准——坚定不移把优化营商环境向纵深推进系列评论之五［N］．文汇报，2020－01－07.

［88］殷德生．以全产业链招商打造更有竞争力的主导产业——坚定不移把优化营商环境向纵深推进系列评论之六［N］．文汇报，2020－01－08.

［89］陈强．让企业全生命周期发展有依托——坚定不移把优化营商环境向纵深推进系列评论之七［N］．文汇报，2020－01－09.

［90］陈跃刚．当好“招商员”和“城市推介员”——坚定不移把优化营商环境向纵深推进系列评论之八［N］．文汇报，2020－01－10.

［91］中国共产党第十九届中央委员会第四次全体会议公报［R］．北京：人民出版社，2019－11.

［92］阮博．当前中国政务诚信问题研究［M］．上海：上海人民出版社，2017.

［93］杨秋菊．政府诚信评价与建设［M］．北京：清华大学出版社，2017.

［94］刘莘．诚信政府研究［M］．北京：北京大学出版社，2007.

［95］赵爱玲．当代中国政府诚信建设［M］．济南：山东人民出版社，2007.

［96］阮博．当前中国的政务失信问题研究［D］．上海：华东师范大学，2014.

［97］张维迎．博弈与社会［M］．北京：北京大学出版社，2013.

［98］梁发芾．以政务诚信建设促营商环境改善［N］．甘肃日报，2018－03－28.

［99］鲁珊．政府讲诚信也是营商环境［N］．长江日报，2019－02－26.

［100］薛建国．诚信建设政府先行——提升营商环境系列评论之二［N］．浙江新闻客户端，2018－03－15.

［101］舒继华、郝方甲、程士华．新华时评：政府“换班”别让诚信“断档”［N］．新华社客户端，2014－06－25.

［102］蔡恩泽．优化营商环境需要地方政府积极作为［N］．半月谈，2018－01－18.

［103］舒圣祥．优化营商环境从建设诚信政府做起［N］．济南日报，2020－02－20.

［104］徐奉臻．从两个图谱看国家治理体系和治理能力现代化［N］．人民网，2020－04－10.

［105］孙学玉．以政务诚信引领社会诚信［N］．人民网，2014－06－25.

［106］王伟．信用建设：国家治理体系现代化的重要环节［N］．学习时报，2016－07－11.

［107］林钧跃．社会信用体系：社会治理工具的最佳选择［J］．中国信用，2018（12）.

［108］Coleman，J. C. Foundation of Social Theory. Cambridge，Mass：Harvard University Press，1990.

［109］Terry，Cooper. The Responsible Administration：An apporoach to Ethics for the administration. san Francisco：Jossey Bass Publishers，1990.

［110］Jane Mansbridge. Public Spirit in Political Systems，in Henry J. Aaron，Thomas Mann and Timothy Taylor，ed，Values and Public Policy：BrookingsInstitution，1994.

［111］Frederickson，H. G. The Spirit of Pubic Administration，San Francisco：Jossey Bass Publishers，1997.

［112］Michael Sandel. Democracy's Discontent：Belknap Press of Harvard University Press，1996.